U0944217

/社/会/学/研/究/文/库/

减灾备灾与
社区儿童保护体系建设研究

李海梅　郭沁／著

華中科技大學出版社
http://www.hustp.com
中国·武汉

图书在版编目(CIP)数据

减灾备灾与社区儿童保护体系建设研究/李海梅，郭沁著.—武汉：华中科技大学出版社，2017.12

(社会学研究文库)

ISBN 978-7-5680-3726-6

Ⅰ.①减… Ⅱ.①李… ②郭… Ⅲ.①灾区-儿童-保护-研究 Ⅳ.①C913.5

中国版本图书馆 CIP 数据核字(2017)第 330072 号

减灾备灾与社区儿童保护体系建设研究　　李海梅　郭　沁　著

Jianzai Beizai yu Shequ Ertong Baohu Tixi Jianshe Yanjiu

策划编辑：张馨芳

责任编辑：唐诗灵

封面设计：孙雅丽

责任校对：张会军

责任监印：周治超

出版发行：华中科技大学出版社(中国·武汉)　　电话：(027)81321913

武汉市东湖新技术开发区华工科技园　　邮编：430223

录　　排：华中科技大学惠友文印中心

印　　刷：湖北新华印务有限公司

开　　本：710mm×1000mm　1/16

印　　张：12　插页：1

字　　数：203 千字

版　　次：2017 年 12 月第 1 版第 1 次印刷

定　　价：58.00 元

本书若有印装质量问题，请向出版社营销中心调换

全国免费服务热线：400-6679-118　竭诚为您服务

前言

PREFACE

2008 年 5 月 12 日，汶川发生特大地震，有关灾害的学理研究和实务探索再次引起国内学者的重视，并日益成为多门学科研究的新兴领域，尤其成为灾害儿童保护和灾害社会工作研究领域的重要课题。

灾害中的儿童、妇女、老人和残障者等弱势群体最容易受到伤害，此外，儿童有不同于成人的特殊需求，需要更周到的生活照顾、不间断的营养供给和社会心理支持。“5·12”汶川特大地震后，国务院妇女儿童工作委员会办公室从“紧急事件中特别突出儿童保护”的理念出发，与联合国儿童基金会合作，借鉴国际上紧急救灾中儿童保护的经验，在四川省 8 个重灾市（州）的 21 个县（区）建立并运行了 40 所儿童友好家园，为受地震灾害影响的儿童及其家庭提供游戏、娱乐、教育、卫生与社会心理支持等一体化服务，帮助灾区儿童减少地震所造成的不利影响，回归正常生活。由于三年灾后重建提前完成，“儿童友好家园”也从最初为儿童提供安全空间、帮助回归正常生活等灾害应急模式，转型为植根于社区，集传播儿童保护理念、促进儿童综合发展、关爱服务特殊儿童、开展减灾备灾工作等为一体的社区儿童服务平台——“儿童之家”。至此，我国的灾害儿童保护和灾害社会工作从实践摸索到理论研究，都取得了长足的进展，这也构成了本书的主要研究内容和框架。

本书分为上、中、下三篇。在上篇，以四个章节回答与灾害儿童保护相关的若干基本理论问题：现行有关灾害研究的范式在转变之前是什么样的？新的研究范式有什么创新突破？如何将不同研究范式应用于儿童保护和灾害社会工作实践？在中篇，通过对“儿童友好家园”的多层次、多角度剖析，对灾害儿童保护展开实证分析。在下篇，着重通过“四川省儿童优先视角的减灾备灾项目”的探索实践，结合前两篇的理论和实证分析，提出未来儿童保护工作的可能目标方向，探讨相关政策。

本书由李海梅(成都理工大学法学院)、郭沁(四川大学公共管理学院公共管理专业在读博士、成都理工大学组织部)共同完成,其中,李海梅负责全书的撰写思路和结构设计。撰写工作的具体情况如下:第一、二、三、八、九章由李海梅撰写,第四、五、六章由郭沁撰写,第七章由李海梅、郭沁共同撰写。全书由李海梅统稿、校对、修改并最终定稿。

本书在撰写过程中也借鉴了多位灾害和儿童保护领域的研究者的著述和观点,在此谨向他们表示衷心的感谢!在撰写过程中,硕士研究生范航、雒珊、杜思、王箬茗、蒋子爨等同学在文献整理与分析等方面做了非常多的工作,在此要感谢他们的付出。

本书是"四川省儿童优先视角的减灾备灾项目"研究阶段性成果。由于作者学术视野有限,书中一些观点难免存在疏漏甚至值得商榷,恳请读者提出宝贵建议。

李海梅　郭　沁

2018 年 4 月

目录

CONTENTS

上篇　基本理论：

灾害新论、儿童权利保护与社区儿童保护体系

第一章

厘清脉络：灾害认知与灾害研究范式

第一节　认识“灾”与“害”：致灾因子、诱因与脆弱性的“三角关系”

一、灾害的词源及演变追溯

从“灾害”起源来看，“灾”和“害”最初就是分开的。就“灾”的现代书写字形来看，“灾”似乎离不开火，学界许多学者也认定“灾”的起源与火有关，但根据最新研究，最早的甲骨文的“灾”字与“火”一点关系都没有，而是与“水”有关。甲骨文中的“𡿧”（zai）是一个会意字，由“川”和中间的两道横组成，从川，表水，意思是“川流被阻断，造成了水灾”。籀文“災”继续保留其“水流被阻断造成水灾”的含义，下面加上了“火”。而后的篆文“灾”，从字形上看，是火烧到了屋顶，更加凸显了关于火的灾祸。由此观之，自古以来，人们对于“灾”的最初认识即是“水火之灾”，这也是最常见的“灾”。

“灾”在最早的字典《说文》中的解释是：“天火曰烖，从火，𢦏声。”《公羊传·襄公九年》解释为“大者曰灾，小者曰火”，对其程度和影响范围做了区分，认为程度较轻的不能称作“灾”。而“灾”除了“灾害、灾祸”之意，还可以用来描述灾害、灾祸后的场景，如《释名》中的“火所烧灭之余曰灾，言其余物如是也”，意思是说，火烧灭之后所呈现的场面被称为

“灾”，并且剩下的人或事物也被称为“灾”，这是一种倾向于结果的释义，与现在所讲的“灾情”是一回事。《左传·宣公十六年》一文中提到：“凡火，人火曰火，天火曰灾。”从字面意思我们可以理解为，人为导致的火灾称为“火”，而非人为的自然原因所引发的火灾才能称为“灾”，虽然凸显了对“灾”认知的局限性，但从“灾”的诱因上做出人为和自然的区分已经是很大的进步。

随着人类社会的发展和灾害的频繁发生，“灾”开始延伸为涵盖较广的“灾害”“祸患”之意。如《周礼·大祝》中记载有“国有大故天灾”，这里的“灾”已经扩展到水旱疫疾。《国语·周语》中也提到“天灾降戾”，强调了自然界是灾的主要原因。

灾的意思有很多种，我们还可以从“灾”对人类生活的影响来解释。例如，“人君失政，天为异；不改，灾其人民；不改，乃灾其身也”（《论衡》）。其中的“灾”，就是“伤害，使受灾害”的意思。

“害”本义是“伤害、损害”，从《说文》中可以找到解释：“害，伤也。”《淮南子·脩务》提到的“时多疾病毒伤之害”，意思就是“经常患疾病和受到有毒食物的伤害，即食物中毒之灾害”。同一文中还提到“而使天下释其害”，意思是“使天下人都解除危害”，这里的“危害”主要指“灾害”。

“灾”和“害”二字并用最早出现在《左传·成公十六年》。原文中记载：“是以神降之福，时无灾害。”意思是“神灵降福于他，四时没有灾害”，其“灾害”指天灾人祸所引起的灾害。自人类社会开始灾害就存在，《史记·秦皇本纪》中提到的“阐并天下，甾害绝息，永偃戎兵”，已经开始体现出灾害对人类发展的重大影响，以及免除灾害的美好愿景。“灾害”一词对灾害与人类的对立性和冲突性的描写，在古文中有大量记载。宋有梅尧臣的《送张推官洞赴晏相公辟》“往者边事繁，秦民被灾害”，明有孔贞运的《明兵部尚书节寰袁公墓志铭》“况今西虏跳梁，播酋负固东海，倭患未熄，中原灾害频仍，起废求言正今日急务”，清有唐甄的《潜书·格君》“灾害不生，嘉祥并至”，这些诗句都描写了灾害的频繁发生对人们的生活造成了巨大损害。

从这样的演变历程来看，灾害对于人类社会的破坏性是客观存在的。并随着社会的发展和灾害的发生，灾害的定义不再局限于自然界不可避免的灾害，还包括人为的社会因素所导致的灾害。演变至今，《现代汉语词典》中对“灾害”做出的解释是“旱、涝、虫、雹、战争等所造成的祸害”①。《辞海》中对灾害的解释更加详细：一切对自然生态环境、人类社会的物质和精神文明建设，尤其是人们的生命财产等造成危害的自然事件和社会事件，如地震、火山爆发、风灾、火灾、水灾、旱灾、空难、海难、雹灾、雪灾、泥石流、疫病等。灾害的内涵和外延都有了很大的改变。

从最早的包括水火之灾，到现在人类对其有了新的认知，灾害的范围及分类都有了新的界定。虽然学界对灾害的分类五花八门，但我们通过仔细推敲不难发现，几乎所有的分类都依据两种大类进行细分，即“自然之灾”和“人为之灾”。本书将自然灾害归述为“天灾”，主要包括火山、地震、崩塌、滑坡、泥石流、洪涝、雷电、暴雨、高温、干旱、冰雪、森林草原火灾、大风、沙尘暴、病虫害等；将人为的灾害归述为“人祸”，主要包括火灾、中毒、溺水、爆炸、车祸、传染病、战争、化学危害、网络危害、重金属污染、非法侵害以及其他灾害。有的灾害甚至是“天灾”和“人祸”的集合体，如城市内涝、雾霾等。随着社会和人类认知的发展，灾害的定义和范围会越来越广。

二、不同学科视角下的灾害定义纷呈

尽管从“天灾”“人祸”视角对灾害进行的大体归类已获普遍共识，但不同学科因研究重点不同，还是对“灾害”进行了交叉领域的研究，对“灾害”形成了全方位的认知，故而出现了从自然科学和社会科学的角度对“灾害”的界定。早有学者提出，灾害是指某一地区由内部演化或外部作用所造成的，对人类生存环境、人身安全与社会财富构成严重危害，以至超过该地区承灾能力，进而丧失其全部或部分功能的自然—社会现象。② 言下之意就是，对于灾害的研究可有自然和人文的视角区分，但不能生硬剥离灾害可能产生的影响，否则容易失去灾害研究的意义。

从自然科学的学科研究领域我们可以看到，地质学、海洋学、环境科学、农业学、气象学、天文学等学科都从本学科视角出发，对“灾害”的概

① 中国社会科学院语言研究所词典编辑室．现代汉语词典［M］．2版．北京：商务印书馆，1991．

② 张继权，李宁．主要气象灾害风险评价与管理的数量化方法及其应用［M］．北京：北京师范大学出版社，2007．

念做了不同侧重点的界定。地质学研究者普遍认同，地质灾害是地质学专业术语，指各种（天然的和人为的）地质作用对人民生命财产和国家建设事业（人类的生存与发展）造成的危害。常见的地质灾害有滑坡、泥石流、水土流失、土地沙漠化和沼泽化、土壤盐碱化以及地震、火山喷发等。在地质学领域内，有一门专门研究灾害地质问题的分支学科——灾害地质学，它是地质学与灾害学的交叉学科，研究对象为已经对人类造成灾害或可能造成灾害的地质问题，以及这些地质问题的产生、发展、危害和防治方法。而在海洋学的领域，研究者更多是从海洋灾害的角度切入。来源于海洋的自然灾害，是由海洋自然环境或气象条件变异或剧烈变化而引起的在海洋或海岸发生的灾害。① 我国近海的海洋灾害主要包括风暴潮、台风、赤潮、海水入侵与土壤盐渍化、海平面变平、海洋水体污染等。相比之下，农业气象学的关注重心集中于农业气象灾害，这一学科对于灾害也已有了明确的定义：它通常是指某一地区于某一年份在某一时期气候条件下出现的很不适合农作物生长发育的异常变化，这严重影响作物的正常生长发育和产量，最终造成较大幅度的减产。② 另外，灾害在环境科学领域的概念也于 1978 年被提出，当时人们对灾害的认识是以人为中心的，强调只有在环境对人类产生影响的时候才能称为灾害，主要关注的是灾害对于人类的作用，而没有深究灾害的形成和演化过程。2004 年，Smith 指出："环境灾害是极端的地球物理事件、生物过程和技术事故，它们向环境释放了异常高强度的能量或物质，并对人类生命和经济财产产生了大规模意外威胁。"③ 这一定义强调了环境灾害的成因，也是目前国内外较为明晰的定义。此外，气象学领域的学者认为气象灾害同其他类型的灾害一样，源于人与自然的矛盾，具有自然和社会双重属性。而与其他灾害相区别的是，气象灾害主要强调的是危险性天气对人类活动造成的已成事实的伤害和损失。气象灾害是指大气对人类的生命财产和国民经济建设及国防建设等造成的直接或间接的损害，是主要的自然灾害，包括干旱、

① 冯有良. 海洋灾害影响我国近海海洋资源开发的测度与管理研究［D］. 青岛：中国海洋大学，2013.

② 李馨，战守义，史宁中. 一种有效的农业气象灾害的定量性定义方法［J］. 计算机工程与应用，2003，39（11）：203-206.

③ 尚志海，刘希林. 试论环境灾害的基本概念与主要类型［J］. 灾害学，2009，24（3）：11-15.

洪涝、大风、冰雹、雷电、低温冷冻和连绵阴雨等灾害。[①] 人们对气象灾害的认识经历了一个“畏惧—顺应—科学认识”的过程。相较而言，在天文学的学科视角中，研究者普遍认为，天文事件只有与人发生了关系并造成危害，才能称为天文灾害，天文学上的大量事件，如星系碰撞、恒星爆炸等，本身并没有对人类造成伤害，所以它们不能被称为灾害。因此，天文灾害是指“天文因素造成的，或有天文因素参与的灾害”。

随着社会发展和研究的不断深入，人们越来越认识到灾害的发生是自然因素和社会因素共同作用的结果，社会因素即与人有关的因素，是人类活动对自然环境的作用和影响。因此，社会科学与自然科学关注灾害的视角不同，社会科学领域多从人类社会的角度对灾害进行研究，相关学科领域主要体现在人类学和社会学领域，近年来也出现了不少的研究成果。

人类学主要关注的是和灾难相关的社会因素，探讨特定的社会文化和灾难的关系，从社区的角度出发来定义灾害。李永祥综合中外学者和不同学科的观点，提出了较为全面的灾害定义：“灾害是致灾因子在生态环境脆弱性和人类群体脆弱性相结合的条件下产生的打破社会平衡系统和文化功能，给社会带来重大人员伤亡和财产损失，并产生新的生态环境脆弱性和人类群体脆弱性的自然或社会事件。”[②] 其实在早期自然科学占主导的灾害研究中，人类学并没有发挥多大的作用，但人们日益认识到灾害具有自然属性和社会属性，而自然因素是人类无法完全抗拒的，所以在灾难出现后，如何建立起科学有效的应对措施和机制，如何总结人类相关的经验性和地方性知识，如何协助相关组织做好赈灾工作、为政府做好决策咨询服务等，都需要人类学的探索和归纳。人类学在灾害研究中的价值的重点是，人类学将灾害作为人类文化的必然成分同人类社会的物质和精神文化建构与整合有机地结合在一起。

在社会学领域内，灾害由于对社会协调发展和良性运行产生破坏，在一定程度上会暴露社会中存在的问题，从而引起了社会学家的关注，因此，灾害社会学作为一个新的范式被提出。灾害社会学是一门运用社会学的知识和

---

① 张继权，李宁．主要气象灾害风险评价与管理的数量化方法及其应用［M］．北京：北京师范大学出版社，2007．

② 李永祥．什么是灾害？——灾害的人类学研究核心概念辨析［J］．西南民族大学学报（人文社科版），2011，32（11）：12-20．

方法研究人类、社会与灾害之间的相互作用，进而寻求减灾的有效社会途径，以促进人类社会的协调发展和运行的灾害学和社会学的交叉学科。社会学视角下的灾害不只是一个具有自然属性的环境问题，还是一个具有社会属性的发展问题和社会问题。①

社会学领域对于灾害的研究，其主要研究视角和研究成果可以追溯到美国灾害社会学的研究。美国灾害社会科学研究的先驱之一——福瑞茨提出的灾害定义对灾害的研究有深远的影响，他认为："灾害是一个具有时间—空间特征的事件，对社会或社会其他分支造成威胁与实质损失，从而造成社会结构失序、社会成员基本生存支持系统的功能中断。"这种功能主义的灾害认识体现了社会学"结构—功能"分析的传统。② 后续的一些研究者在这一功能主义导向的认识下提出了一些类似的概念。综观这些观点我们可以看出，社会学对灾害的研究应当主要关注灾害与社会的关系，并沿此方向不断发展和丰富社会学对灾害的研究。同时，这一经典定义也不断受到挑战，因此，需要从理论和现实层面进行修正。针对经典定义的不足，急需一个新的研究范式，对灾害的定义进行危险源分析视角、社会建构主义、风险社会理论等多重解读、多元发展。目前西方社会学界关于灾害比较流行的定义是由弗里兹提出的，其内容包括：①灾害发生的时间和空间；②灾害产生的社会影响（给社会单位带来的物质损失及其正常智能的破坏）；③灾害危及的社会单位（个人、家庭、组织、社会）；④社会单位做出的反应或采取措施。③灾害的经典定义以及美国社会学界的定义都存在一定的局限性，因此，我国学者马凤程提出了"灾难是由天灾或人祸所造成的消极性或破坏性后果的社会事件"④，希望能够在一定程度上突破这些传统定义的局限。

三、灾害有关的核心概念及辨析

在进行灾害研究的过程中，有许多与灾害相关的词汇，如灾害、天灾、

---

① 李正东. 北方大旱的思考：灾害与减灾——一项社会学视角的考察［J］. 调研世界，2002（3）：22-25.

② 陶鹏，童星. 灾害概念的再认识——兼论灾害社会科学研究流派及整合趋势［J］. 浙江大学学报（人文社会科学版），2012，42（2）：108-120.

③ 布衣. 灾害社会学［J］. 中国社会工作，1998（1）：51.

④ 马凤程. 灾难和灾难社会学——对一门有待开拓的学科的构想［J］. 贵州社会科学，1989（4）：13-17.

人祸、危机、风险、突发事件等，还涉及对灾害的预防和应对工作的一系列相关概念，如防灾减灾、承灾体的暴露度与脆弱性、灾害恢复力、承灾能力等概念，对这些核心概念进行精确辨析，将有助于灾害研究工作的探索和推进。

1. 灾难

在《现代汉语字典》中，“灾难”是指由于自然的或人为的严重损害，对生命造成的重大伤害。与灾害相比，灾难更加突出了承灾者所承受的苦难，即“灾难”一词更具有主观体验性。李永祥（2011）指出，“灾害”指事件本身。而“灾难”则与结果有关。“灾难”更多地指向了“痛苦”“损失”“遭遇”等与灾害有关的情况。[①] 在我国，“灾害”又俗称为“天灾人祸”。天灾主要是指纯自然因素产生并导致人受到伤害的灾害分类，主要包括火山、地震、滑坡、泥石流、暴雨、洪涝灾害、雷电、高温、干旱、森林火灾、病虫害和雾霾等。人祸，即人为的灾祸，指人在表现其社会属性时的行为造成的祸害，与天灾相对。如斗殴、车祸、跟踪、抢劫等行为都属于人祸。

2. 危机

人们普遍认为，英语中的“危机”（crisis）一词起源于古希腊，它“本来是一个医学术语，指人濒临死亡、游离于生死之间的状态。如果医生能妙手回春，病人也许能大难不死，重新回到‘生’的状态；如果回天乏术，那么病人就将命归黄泉，离开这个世界。在生死之间、在两个世界之间、在两种状态之间游离，这就是‘危机’在本源上的意义”[②]。而汉语中的“危机”一词是指危险，从目前掌握的文献看，“危机”一词最早出现在三国后期。魏晋名士吕安在《与嵇茂齐书》中说：“常恐风波潜骇，危机密发。”这里的“危机”就是指危险，用以“喻身之危也”。李永祥（2011）认为，危机是处于紧急状态，而灾害是祸害发生的过程和后果。危机有可能导致灾害，也有可能不导致灾害，这取决于危机的大小和对于紧急状况的处理结果的好坏。

① 李永祥．什么是灾害？——灾害的人类学研究核心概念辨析［J］．西南民族大学学报（人文社科版），2011，32（11）：12-20.

② 中国现代国际关系研究所危机管理与对策研究中心．国际危机管理概论［M］．北京：时事出版社，2003.

3. 风险

“风险”通常作“危险”，指遭受损失、伤害、不利或毁灭的可能性。通俗地讲，风险就是发生不幸事件的概率。从灾害学的学科视角来看，自然灾害风险被认为是自然灾害事件（包括量级、时间、场地等要素）发生的可能性以及由其造成后果的严重程度、某一特定危险情况发生的可能性和后果的组合。[①] 风险强调的是发生事件的可能性和不确定性，是对将来未知状态的预测，而灾害则是指已经发生的并造成巨大损失的事件，是对既有的、造成重大的人员伤亡或财产损失的突发性事件的定义。在灾害管理中，对风险进行评估是有效防灾减灾的途径。

4. 突发事件

“突发事件”是我国约定俗成的名词，是指突然发生，造成或者可能造成严重社会危害，需要采取应急处置措施予以应对的自然灾害、事故灾难、公共卫生事件和社会安全事件。[②] 顾名思义，“突发”就是突如其来、出乎预料、令人猝不及防，《现代汉语词典》将其界定为“意外地突然发生”[③]。《辞海》中将“事件”解释为“历史上或社会上所发生的大事”[④]。“突发事件”实质上是人们尚未认识到的、在某种必然因素支配下瞬间产生的、给人们和社会造成严重危害和损失且需要立即处理的破坏性事件。

5. 防灾减灾

防灾减灾是一个词组，它由防灾和减灾构成，它们相互区别又密不可分。其区别在于，灾害发生前人类所做的一些事情，如防震、防洪、防火、防旱、防汛等准备预防工作被称为防灾，而灾害发生之后的行为，如救火、自救、互救、恢复重建等属于减灾。致灾因子（也就是人们常说的危险因素，如洪水、森林大火、泥石流等自然危险因素和小偷、人贩子等人为危险因素）是客观存在的，因而灾害（包括自然灾害与人为灾害）时有发生，尤其是自然灾害，它的发生往往无法控制。人们可以通过多种有效的措施把灾

---

① 史培军. 再论灾害研究的理论与实践［J］. 自然灾害学报，1996，11（4）：6-17.

② 钟开斌. 突发事件概念的来源与演变——基于对《人民日报》、党的中央全会报告、国务院政府工作报告的分析［J］. 上海行政学院学报，2012，13（5）：26-35.

③ 中国社会科学院语言研究所词典编辑室. 现代汉语词典［M］. 5 版. 北京：商务印书馆，2005：1378.

④ 辞海编辑委员会. 辞海（1999 年版缩印本）［M］. 上海辞书出版社，2001：160.

害造成的损失降到最低程度，因此，进一步普及防灾、减灾、救灾等相关科学知识，并适当开展各种防灾、减灾安全演练，对于提高人类应对突发灾害的能力，减少各种灾害造成的伤亡和损失，尤其是对儿童造成的伤害，具有十分重要的意义。联合国国际减灾战略（UNISDR）的专家们将防灾定义为“全面防止致灾因子和相关灾害的不利影响”，而减灾则被定义为“减轻或限制致灾因子和相关灾害的不利影响”。

6. 暴露或暴露度

暴露是指位于危险地区，易于受到损害的人员、财产、系统或其他成分，可以用某个地区有多少人或多少类资产来衡量暴露元素。[①] SREX 报告定义的暴露度是指人员、生计、环境服务和各种资源、基础设施以及经济、社会和文化资产处在有可能受到不利影响的位置。[②] 一些观点认为暴露度是脆弱性的一部分，如于汐等（2010）认为脆弱性可分为物理脆弱性、经济脆弱性、社会脆弱性和环境脆弱性，其中，物理脆弱性包含了对暴露性的考虑。

7. 脆弱性

“脆弱性”一词源于拉丁文，原意为“伤害”，属于社会学范畴，如今，“脆弱性”这一术语不仅进入自然科学领域、广泛应用于自然灾害研究中，在环境管理、公共卫生、扶贫、可持续发展、安全、土地利用、气候变化等领域也都频繁出现。[③] 在灾害学研究中，脆弱性的概念多种多样，联合国国际减灾战略认为脆弱性是由自然、社会、经济、环境等共同决定的增强社区面临灾害的敏感性的因素。脆弱性评估可划分为广义与狭义来理解。广义的脆弱性评估是对灾害系统的脆弱性评估；狭义的脆弱性评估是指人类社会经济系统对致灾因子的敏感反映程度。脆弱性反映了灾害发生时系统将致灾因子打击力转换成直接损失的程度，所以脆弱性研究主要是为灾前的减灾规划服务的。在灾害中对承灾体的脆弱性进行研究，有助于更好地防灾减灾，减

---

① 《联合国国际减灾战略（2009）》。

② 郑菲，孙诚，李建平．从气候变化的新视角理解灾害风险、暴露度、脆弱性和恢复力［J］．气候变化研究进展，2012，8（2）：79-83.

③ 石勇，许世远，石纯，等．自然灾害脆弱性研究进展［J］．自然灾害学报，2011（2）：131-137.

小灾害对人类社会带来的重大伤害。①

8. 恢复力

恢复力是指系统在遭受扰动后恢复到原有平衡态的速度。② 恢复力和脆弱性是承灾体的两个重要属性。广义的灾害恢复力包括系统抵抗致灾因子打击的能力（静态部分）和灾后恢复的能力（动态部分）两个方面，所以抵抗力包含在广义的恢复力概念中。而狭义的灾害恢复力则只包括系统灾后调整、适应、恢复和重建的能力，可以由恢复速度、恢复到新的稳定水平所需要的时间和恢复后水平等变量来表征。③

9. 承灾能力

一般认为，承灾能力是指承灾体在灾害来临时应对灾害的能力与灾害后恢复重建的能力。冯志泽等（1994）用抗灾能力、救灾能力和恢复能力构建了城市自然灾害承灾能力指标。④ 陈国华等认为，承灾能力是防灾、抗灾、救灾及灾害恢复等各方面能力的有机结合。⑤ 高庆华、聂高众等（2003）在“十五”国家重点科技攻关课题“综合自然灾害信息共享”综合分析的研究中对承灾能力做了详细分析，综合承灾能力是工程防灾房屋建筑抗灾能力、工程防洪除涝能力、社会经济承灾能力的综合反映。

四、灾害是致灾因子、诱因与脆弱性合力的结果

1. 致灾因子

致灾因子（或称危险）是在灾害社会科学研究中常被提及的基础概念，然而它常会被人们误解为我们在日常生活中所认识和理解的灾害，因此，我们有必要先对二者加以区分。在世界范围内，很多国际组织、机构和学者从

---

① 孙蕾，石纯．沿海城市自然灾害脆弱性评估研究进展［J］．灾害学，2007，22（1）：102-105.

② SL Pimm. The complexity and stability of ecosystems［J］. Nature，1984，307（5949）：321-326.

③ 史培军，刘婧，徐亚骏．区域综合公共安全管理模式及中国综合公共安全管理对策［J］．自然灾害学报，2006，15（6）：9-16.

④ 冯志泽，胡政，何钧，等．建立城市自然灾害承灾能力指标的思路探讨［J］．灾害学，1994（4）：40-44.

⑤ 陈国华，梁韬，张华文．城域承灾能力评估研究及其应用［J］．安全与环境学报，2008，8（2）：156-162.

不同角度定义致灾因子，其中，联合国国际减灾战略（UNISDR）给出的定义得到学术界的普遍认可，该机构在2004年和2009年分别两次对致灾因子的定义进行了阐释和完善。该机构在其2004年颁布的《术语：减轻灾害风险基本词语》中，将致灾因子定义为："可能带来人员伤亡、财产损失、社会和经济破坏或者环境退化的，具有潜在破坏性的物理事件、现象或人类活动。"修订后的释义在致灾因子的负面作用和来源上更加完善，内涵也变得更加广泛，在2009年颁布的《UNISDR减轻灾害风险术语》中，致灾因子被表述为："可能造成人员伤亡或影响健康、财产损失、生计和服务设施丧失、社会和经济混乱或环境破坏的危险的现象、物质、人类活动或局面。"除此之外，美国联邦紧急事务管理署（Federal Emergency Management Agency，FEMA）也曾在其关于《多种致灾因子识别和风险评估》的报告中给出了致灾因子的定义："潜在的能够造成死亡、受伤、财产破坏、基础设施破坏、农业损失、环境破坏、商业中断或其他破坏和损失的事件或物理条件。"我国的灾害社会科学学者也定义过致灾因子，如"由灾害学观点可知，所谓致灾因子是指一切可能引起人员伤亡、财产损失及资源破坏的各种自然与人文异变因素，它是各种灾害、事故发生的危险源"。

需要注意的是，我们通常所理解的致灾因子，如地震、滑坡、泥石流、暴雨洪涝、干旱、热带气旋、风暴潮、霜冻、低温、冰雹、海啸等，均为自然致灾因子。联合国开发计划署（2004）曾对自然致灾因子下过定义："自然致灾因子是指发生在生物圈中的自然过程或现象，这种自然过程或现象可能造成破坏性事件，并且人类的行为可以对其施加影响，例如环境退化和城市化。"通过对比我们可以发现，与前述的致灾因子定义相比，其对致灾因子的范围做了明显的限定，所以我们不难理解，除了自然致灾因子，还存在其他不同方面的致灾因子。笔者在总结到目前为止有关致灾因子分类的研究的基础上，结合本书关于灾害的分类和灾害社会科学的发展趋势，将致灾因子分为自然致灾因子、人为致灾因子和技术致灾因子。其中，技术致灾因子是指起因于技术或工业环境的致灾因子；人为致灾因子包括动乱、暴乱和战争等，往往会造成严重的社会灾害。总结上述有关致灾因子定义的描述我们不难发现，虽然可以从不同角度对致灾因子的定义做不同的解释，但其基本含义是基本确定的，因此，笔者在本书当中将致灾因子定义为"引发或具有潜在引发灾害，对人类生产生活造成一定破坏影响的直接因素"。

将致灾因子和灾害进行区分的最重要一点是，致灾因子并不能独立导致灾害结果的发生，如果地震发生在没有人的山区，也不会造成灾害结果。因此，致灾因子只是形成灾害的要素之一，致灾因子要转化为灾害，需要一定的“导火索”。

2. 诱因

灾害诱因是指导致灾害成形或者加速灾害形成、加大灾害破坏程度的间接因素，在学术界中有时也用“关系链”或“灾害链”来表述。在灾害社会科学中，学者在研究某一灾害的诱因时，往往从自然诱因和人为诱因两个方面进行讨论。例如，在地质灾害中，多以降水和剥蚀为主要自然诱因，以切蚀、潜蚀和采掘为主要人为诱因；在航空交通灾害中，以气候和地形地貌为主要自然诱因，以人员管理为主要人为诱因。灾害的发生是致灾因子和人类社会相互作用的结果，在灾害诱因的“引导”下，致灾因子发生在人类社会中并产生作用，当作用超过一定限度时，会导致不同灾害后果的发生。而在这一过程当中，人类所体现出的不同的抵御灾害的能力和从灾害中恢复的能力，决定着灾害的最终后果。

3. 脆弱性

脆弱性（或称易损性）的概念最早被20世纪70年代的英国学者引入到自然灾害研究领域，1976年，奥基夫（O'Keefe）等人在《自然》杂志上发表了一篇题为《排除自然灾害的“自然”观念》的论文，他们指出，自然灾害不只是“天灾”，由社会经济条件决定的人群脆弱性才是造成自然灾害的真正原因。这一概念现在已经被广泛应用于自然科学和社会科学当中。联合国国际减灾战略在2009年将脆弱性定义为：“社区、系统或资产易于受到某种致灾因子损害的性质和处境。”在皮尔斯·布莱基（Piers Blaikie）给出的自然灾害背景下的脆弱性定义的基础上，红十字会（ICRC）和红新月会国际联合会（IFRC）将脆弱性定义为：“关于预测、处置、抵御和从自然或人为灾害影响中恢复过来的能力的个人或团体的性质。”[①]

虽然目前关于脆弱性的定义在学界尚未统一，但我们可将它简洁地定义为“遭受环境灾害而损失的能力”，其包含暴露度、敏感性和适应能力三个

① 红十字会与红新月会国际联合会（IFRC）于1999年在《脆弱性与处置能力评估》（Vulnerability and Capacity Assessment）指南中提出。

主要要素。近年来，随着人们对“脆弱性源于人类本身”这一观点的反省，学术界逐渐开始关注灾害的社会影响。于是，脆弱性被普遍分为自然（物理）脆弱性和社会脆弱性。其中，自然脆弱性主要关注致灾因子发生的强度、频率和持续时间以及灾害损失。在可持续发展战略的指导下，人们关注的焦点从初期的自然脆弱性研究逐渐转向对社会脆弱性的理论探索。

安德森（Anderson）认为，社会脆弱性是指人们响应并处理灾害背后的社会、经济、政治、文化及制度因素，并通过因素分析来评估一个地区、系统或人类群体等特定范围内既存或预期冲击或灾害的脆弱，以便找到降低脆弱性的方法来增强人们对环境变迁的适应能力。周利敏将社会脆弱性定义为社会群体、组织或国家暴露在灾害冲击下潜在的受灾因素、受伤害程度以及应对能力的大小。[①] 他还提出了社会脆弱性的两个研究命题，即“灾害风险不平等命题”和“社会分化命题”。在讨论“社会脆弱性理论内涵是什么”这一核心问题时，卡特（Cutter，S. L.）发现社会脆弱性主要有三个重要的讨论方向，即“脆弱性是一种灾前既存的条件”“脆弱性是灾害调适与应对能力”和“脆弱性是特定地点的灾害程度”。

通过上述对致灾因子、诱因、脆弱性的简要综述，笔者认为灾害是一种通过致灾因子与人类社会的相互作用，在灾害诱因的引导下所造成的人员伤亡、财产损失、资源环境破坏，并反映人类社会结构中脆弱性的社会现象。

第二节 “传承”与“重构”：灾害研究范式的重要转型

无论是在自然科学领域还是社会科学领域，灾害一直都受到关注。与自然科学领域不同，社会科学领域除了关注灾害成因及相关规律外，还关注探究灾害与人类社会之间的相互关系，侧重于探究灾害与社会发展之间相互影响与相互作用的过程、特点和规律。事实上，社会科学领域从未停止对灾害

① 周利敏．西方灾害社会学新论［M］．北京：社会科学文献出版社，2015．

的研究，并且基于灾害给人类造成的巨大损害，社会科学领域对灾害的研究也形成了不同的范式。通过系统梳理我们发现，在这些范式发展历程中主要包括了早期经典的集体行动研究、从脆弱性研究到韧性研究以及从社会建构到文化建构研究等重要过程，也形成了不同时期具有代表性的灾害研究范式。

一、国内外灾害社会学的发展

不可否认，灾害所具有的自然与社会的双重属性决定了它与人类社会必然有着千丝万缕的关系。现任美国国家科学基金会（National Science Foundation，NSF）灾害研究主要负责人的丹尼斯·温格（Dennis Wenger）在对美国灾害研究的历史回顾中认为，灾害社会科学研究最初起源于社会学。[①] 西方有关灾害的社会学研究，最早可以追溯到美国学者塞缪尔·普林斯（Samuel H. Prince）的相关研究和他在 1920 年发表的著作《灾难和社会变化：基于对哈利法克斯的社会学研究》。经过第二次世界大战之后不到二十年的平稳发展，1965 年，夸兰泰利（E. L. Quaranteli）、拉塞尔·戴恩斯（Russell Dynes）和哈斯（J. Eugene Haas）等人在俄亥俄州立大学成立灾害研究中心（Disaster Research Center，DRC）。该中心被称为灾害研究的苗圃，长期主导灾害社会学的发展进程。[②] 它标志着经典灾害社会学派的形成，西方灾害社会学的发展进程也步入正轨。1976 年，以学者怀特（White）和哈斯（Hass）为首的学者成立了自然风险研究与应用中心（Natural Hazards Research and Application Center，后改名为“自然风险中心”，简称 NHC），标志着社会脆弱性学派的诞生。进入 20 世纪 80 年代后，社会建构主义逐渐成为灾害社会学领域最引人注目的发展趋势。西方灾害社会学发展到现在，已经形成三种主要的理论取向。进入 21 世纪以后，随着永续发展等国际减灾新趋势的出现，社会生态韧性这一新范式慢慢进入大众视野，并有望成为继以上三种主流学派之后的又一主流理论取向。

国内早期关于灾害社会学的研究主要来源于地震社会学，这一概念最早

---

① 韩自强，陶鹏．美国灾害社会学：学术共同体演进与趋势［M］//童星，张海波．风险灾害危机研究．北京：社会科学文献出版社，2015.

② 周利敏．西方灾害社会学新论［M］．北京：社会科学文献出版社，2015：11.

是在1977年东京举行的日美地震与博爱科学讨论会上被提出来的。因为我国本就是一个灾害频发的国家，所以有关灾害的社会学研究其实早就有所开展，但在经历了“文革”和1976年的唐山7.8级强地震后，国内灾害社会学的研究才重新进入社会学家们的视野，1979年在北京召开的“社会学座谈会”标志着国内灾害社会学研究进程的重启，至今已发展了近40年。进入21世纪后，我国面临的各类灾害情况呈现出越来越复杂的态势。调查数据显示，在1908年到2008年一百年间死亡人数最多的世界十大重大灾害中，我国所发生的灾害就占了将近一半。① 在国内灾害社会学的发展重新回到正轨以来，我国也发生过多次给我们留下沉痛记忆的灾害，如2008年南方冰雪灾害和汶川特大地震灾害、2010年甘肃舟曲特大泥石流、2013年台风“海燕”等。民政部、国家减灾委员会办公室发布的2017年上半年全国自然灾害基本情况显示，各类自然灾害共造成全国4557.6万人次受灾，204人死亡，83人失踪，102.2万人次紧急转移安置，49.5万人次需紧急生活救助；3.1万间房屋倒塌，7.4万间严重损坏，34.5万间一般损坏；农作物受灾面积709.2万公顷，其中绝收35.6万公顷；直接经济损失518.9亿元。这一系列的数据凸显出我国正面临着日益严重的灾害境况，对灾害开展更深入的专业研究有着迫切需求。这一现状充分引起了我国学者的重视，随着对西方经典灾害社会学多年来的研究的深入，国内灾害社会学的研究也开始转入以脆弱性为分析视角的研究阶段。国际灾害社会学早已经历了从社会脆弱性到社会建构主义的研究，过渡到了从社会脆弱性到社会生态韧性的研究。因此，我们必须清醒地意识到，国内灾害社会学的发展还有很长的路要走。鉴于这一国内外研究现状的可视差距，本书有关灾害社会学发展的讨论主要以西方灾害社会学的发展作为研究对象。

二、灾害社会学主流学派及发展

1. 经典灾害社会学

人类关于灾害的研究其实已有较长的历史，但早期的灾害研究主要集中在自然科学领域。随着人类社会的发展、灾害的日趋频繁和研究的进一步深

---

① P Udomratn. Mental health and the psychosocial consequences of natural disasters in Asia [J]. International Review of Psychiatry, 2008, 20 (5): 441-444.

人，这一领域的局限性开始显现出来。1965年，夸兰泰利、拉塞尔·戴恩斯和哈斯等人成立了灾害研究中心（DRC），标志着经典灾害社会学派的形成。该学派代表的经典灾害社会学首先厘清了“灾害”概念，并对灾害情境、灾害后果与灾后重建的组织绩效等进行了探讨。周利敏认为，经典灾害社会学研究较多集中在个人、家庭和组织等行为在灾害过程中的发生逻辑及行为规律上，旨在找出其中的行为范式，从中总结出人们应对灾害的合理方式。①

经典灾害社会学主要有六大研究范式，即“社会资本”范式、“社会支持”范式、“社会过程模式”范式、“冲突主义”范式、“资源保留压力模型”范式和“集体行动”范式。近年来，国际上关于经典灾害社会学研究的新发展主要集中在“集体行动”范式上，而国内则相对集中在“社会资本”范式的研究上，其代表是赵延东等学者关于这一范式的深入研究。另外，这一学派还有两大重要贡献，一是破除了“灾害迷思”，二是重视分析灾害过程中的“灾害管理循环”。这两大贡献打破了大多数人在灾害发生时对“灾民恐慌迷思”和“国家全能迷思”的惯有看法，同时告诉我们在灾前预防和灾后应变过程中应遵循一定的应对顺序。除此之外，经典灾害社会学还提出了三个主要研究命题，即“社会资本”命题、“创伤递减”命题和“国家失灵”命题，有效促进了经典灾害社会学的发展。

2. 社会脆弱性

西方有关脆弱性的研究其实早已出现，但主要集中于自然科学领域和工程技术领域。直到1976年，怀特和哈斯等人成立了自然风险研究与应用中心（NHC），主张脆弱性评估不能局限于自然领域，还应扩展到经济、政治与社会等领域，从而开启了跨学科、跨领域的自然灾害综合评估研究，并以发明各种脆弱性概念及相关风险分析而闻名于世②，社会脆弱性这一范式也逐渐引起学界的重视。国内学者周利敏将社会脆弱性定义为社会群体、组织或国家暴露在灾害冲击下潜在的受灾因素、受伤害程度及应对能力的大小，包括灾前潜在社会因素建构的脆弱性、灾中受害者伤害程度所反映的脆弱性

---

① 周利敏. 西方灾害社会学新论［M］. 北京：社会科学文献出版社，2015：11.

② Janssen M，Ostrom E. Resilience，vulnerability，and adaptation：A cross-cutting theme of the International Human Dimensions Programme on Global Environmental Change［J］. Global Environmental Change，2006，16（3）：237-239.

和灾后受害者应对灾害能力大小所反映的脆弱性。①

社会脆弱性范式主要有两个基本命题，即灾害风险不平等命题和社会分化命题。这两个命题很好地回答了为何一些特定人群更容易遭受灾害，以及重建资源分配不公将会导致的社会冲突和政治斗争。另外，该范式还有三个重要讨论方向——“脆弱性是一种灾前既存的条件”“脆弱性是灾害调适与应对能力”“脆弱性是特定地点的灾害程度”，不但深入分析了脆弱性的社会属性，更深刻地剖析了社会脆弱性存在的本质问题。需要特别注意的是，卡特（Cutter）和德怀尔（Dwyer）等人通过对社会脆弱性因子方面的研究，为社会科学在社会脆弱性方面的定量分析做出了重要贡献。灾害社会学的理论发展提供了新的研究范式，经过几十年的发展，其影响力已经超越了经典灾害社会学。

3．社会生态韧性

社会生态韧性最初是作为社会脆弱性的对应概念被提出来的，或者说，增强相关主体韧性与减少脆弱性是同一个问题，韧性与脆弱性在一定程度上可被视为反义词。② 进入 21 世纪后，随着永续发展开始成为人类社会面临的重要议题，与社会脆弱性这种剖析人类社会消极面的范式相比，社会生态韧性这一更为正面的理论分析范式显然更容易被普遍接受，所以社会生态韧性迅速进入学界的视野。与社会脆弱性相比，社会生态韧性更加强调社会系统的应对能力和恢复能力。

国内灾害社会学的发展比西方灾害社会学的发展缓慢，国内研究正处于从经典灾害社会学研究到社会脆弱性研究的过渡阶段，因此，对于社会生态韧性的研究甚少被提及。而西方关于社会生态韧性的概念目前主要集中在这样几种学说：蒂默曼（Timmerman）的“能力恢复说”、克莱因（Klein）的“扰动说”、福克（Folke）的“系统说”和卡彭特（Carpenter）的“提升能力说”。而且关于这一概念的研究，多处于对韧性以及与灾害社会学相关的韧性科学领域的有关概念进行研究的阶段。另外，这一范式的研究也加速了对应领域中脆弱性评估向韧性评估的转向。

---

① 周利敏．社会脆弱性：灾害社会学研究的新范式［J］．南京师大学报（社会科学版），2012（4）：20-28．

② F Miller，H Osbahr，Resilience and vulnerability：complementary or conflicting concepts?［J］．Ecology and Society，2010，15（3）：634．

4. 社会建构主义

在进入20世纪80年代之后，灾害社会学领域又出现了新的理论范式，这一范式尝试将前两种主流学派进行整合，认为一切灾害都是社会建构的，没有人类就不会存在灾害，灾害是人类建构及适应的结果。[①] 翰威特（Hewitt）指出，如果灾害不对社会或社会一部分造成影响，就不能算是灾害。[②] 从不同学者或学说对社会建构主义的解释中我们都可以看到，它对灾害中“人祸”这一因素的强调，这其中也包含着一种自我反省的情绪。我国自古就有“人祸诱发天灾，天灾加剧人祸”的说法，在我们面对灾害时，往往会先入为主地将其判定为“天灾”，并能很快接受“灾民”的身份，但在经过各种渠道获取的信息和灾后重建过程中遭受到的不公平，我们开始将“天灾”慢慢归向“人祸”。社会建构主义在关于灾害概念的界定方面，强调灾害本身是利益集团将其进行社会界定的产物，“地震制造”就是最为形象的解释。

在社会建构主义的理论框架中，主要有两个重要面向：建构要素面向和建构逻辑面向。其中，建构要素面向包括原因建构、话语建构和观点建构三个要素，主要论述灾害与社会的互动意涵。建构逻辑面向包括过程建构、表现建构和结果建构三个部分，形成明显的建构过程。[③] 另外，社会建构主义还有八个基本研究命题，分别是“灾害观点建构命题”“灾害情境建构命题”“风险不平等建构命题”“社会分化建构命题”“媒体灾害建构命题”“工业化减灾神话建构命题”“结构式减灾绝对有效性建构命题”和“灾害后果共担机制建构命题”。总的来看，社会建构主义在继承和整合经典灾害社会学和社会脆弱性优越性的前提下，提出了又一历史性的新范式。除了认识到灾害是社会建构的产物，也深刻地揭示了在灾害发生前后，利益集团这一敏感但又起决定性作用的社会组织，为我们能够从根本上解决灾后的重建和资源分配问题提供了一定的理论基础。

---

① 周利敏. 社会建构主义：西方灾害社会科学研究的新范式［J］. 国外社会科学，2015（1）：89-99.

② K Hewitt. Interpretations of calamity from the viewpoint of Human Ecology［M］. Boston：Allen，1983：304.

③ 周利敏. 社会建构主义：西方灾害社会科学研究的新范式［J］. 国外社会科学，2015（1）：89-99.

5. 灾害集体行动

近年来，国内外灾害发生的频率越来越高，集体行动在灾害中的作用也越来越凸显，灾害集体行动逐渐引起各方利害主体的关注。周利敏将灾害集体行动分成两种基本类型：灾区内灾民的集体行动和灾区外志愿者的集体行动。[①] 灾区内灾民的集体行动主要分为三个阶段：搜索信息阶段、定义情境阶段和咎责阶段。灾民对自身情境的定义，会影响其将所遭受的灾害归为“天灾”或“人祸”。在“天灾”的情境定义中，受灾者将接受“灾民”的身份，也不会存在咎责阶段；如果被定义为“人祸”，受灾者会对个人或政府产生不满，而在社会脆弱性中讨论到的资源分配不公平问题将更进一步触动灾民情绪，激化社会矛盾。灾区外志愿者的集体行动主要分为利他性集体行动和利己性集体行动，其中，前者又可细分为组织性利他性集体行动和非组织性利他性集体行动。在这些类型的集体行动当中，非组织性集体行动和利己性集体行动在实践中往往会出现许多颇具争议的问题，如组织和调度的缺乏导致服务区域重叠，以及存在个别组织只是出于积累自身经验和资源的目的前往灾区，救助过程中不会过多顾及他人利益。但总的来说，集体行动在今后的灾害治理中仍将扮演不可或缺的角色，只有认真考虑合理的治理策略，最大限度地利用其正面效应并规避负面风险，才能更好地发挥集体行动的效果。

第三节 困境破解：灾害研究的最新发展与反思

一、灾前：永续社区、离灾和生态保育

1. 永续社区

永续社区是指当社区面对外来的突发性灾害时，社区在没有外援状态

---

① 周利敏．灾害集体行动的类型及柔性治理［J］．思想战线，2011，37（5）：92-97．

下，依靠自身力量能减少或克服灾害给生命、财产和生活质量带来的伤害。① 永续发展的理论真正被学界所重视，起源于1980年雷斯特·布朗（West Brown）在《世界保育策略》一书中对永续发展的论述，它成为21世纪人类所必须面对的主要议题和重要的政策典范。② 永续社区是在当下社会资源问题和环境问题日益凸显的情况下，人类面对灾害治理所提出的长期减灾的新理念和模式。国内对灾害社会学领域永续社区的研究尚处于起步阶段，周利敏结合国际减灾最新理论趋向的研究，对永续社区的减灾理论架构和减灾计划做了一些基础探索，并相信这一理念将促使传统减灾理念和方式的根本变革。③

2. 离灾

离灾是指在确认灾害发生的前提下，以坚守“顺应自然”“与自然共存”和“与自然共生”等理念为基础，建构一套完整的灾害治理体系。④ 这一概念将灾害会发生视为前提，并最大限度地降低灾害带来的冲击，强调“离灾优于防灾”理念。虽然这一减灾理念会帮助我们改变传统的灾害治理观，但它在国际减灾研究中还处于初级阶段，在今后的研究和实践当中仍将面临诸多问题。

3. 生态保育

生态保育是指对生物物种与栖息地进行监测维护，同时对处于危机状态的生物育种繁殖以及对受破坏生态系统进行重建，它包含“保护”和“复育”两层含义。⑤ 这一理念的兴起源于人类社会对非人类世界的过度干扰所导致的境况恶化。

鉴于前述三个理念的共通之处，未来将有可能形成“三位一体”的治理

① D Mileti，E Noji. Disasters by design：a reassessment of natural hazards in the United States [M]. Washington：the National Academies Press，1999：4.

② J H Spangenberg. Sustainability science：a review，an analysis，and some empirical lessons [J]. Environmental Conservation，2011，38 (3)：275-287.

③ 周利敏. 永续社区减灾：国际减灾最新趋向及实践反思 [J]. 西南民族大学学报（人文社科版），2015 (5)：1-7.

④ 周利敏. 社会建构主义：西方灾害社会科学研究的新范式 [J]. 国外社会科学，2015 (1)：89-99.

⑤ 周利敏. 永续社区减灾：国际减灾最新趋向及实践反思 [J]. 西南民族大学学报（人文社科版），2015 (5)：1-7.

模式，共同促进传统减灾治理模式的革新。

二、灾中：公私协力、非结构式减灾、复合型减灾体系建设

1. 公私协力

公私协力是一种政府与非营利组织的伙伴关系，旨在通过双方的优势互补，有效克服各自的“失灵”现象，共同实现灾害救助过程中的效用最大化。这一机制主要针对现实灾害救助过程中出现的“政府失灵”和“第三部门失灵”现象，结合现今越来越复杂的灾害境况和实际需要，提出灾后重建参与机制，能有效提高政府和非营利组织的综合性力量，更高效地为灾民提供救助服务。

2. 非结构式减灾

减灾措施可分为结构式减灾和非结构式减灾。结构式减灾是指制定严格的建筑技术规范，改善耐震材料及建筑设计方法、技术和施工方法，修建公共减灾工程结构物并将其作为预防手段以降低人和建筑物的风险。① 非结构式减灾则是指采用社会结构性方法增强防灾能力以降低天然灾害带来的损失。② 国际减灾理念正处在从结构式减灾向非结构式减灾的转变时期，因为人们开始意识到以往的结构式减灾并不能有效减少灾害的发生，甚至有愈演愈烈的态势，所以西方减灾领域对非结构式减灾的关注达到了前所未有的高度。在非结构式减灾的基本工具中，土地使用管理、灾害征收制度、风险管理、灾害保险、灾害认知教育、社区减灾和数据库建设等特殊工具具有重要地位和作用。许多西方国家将非结构式减灾上升到国家战略的高度，这对我国的减灾事业发展而言，具有很好的借鉴意义。

3. 复合型减灾体系

复合型减灾体系是一个由结构式减灾与非结构式减灾组成的现代、完整的减灾体系，能有效克服结构式减灾与非结构式减灾的失灵现象。③ 这一体

---

① Berke P., Beatley T. Planning for earthquakes: risk, politics and policy [M]. Baltimore: Johns Hopkins University Press, 1992: 2-29.

② 周利敏. 从结构式减灾到非结构式减灾：国际减灾政策的新动向 [J]. 中国行政管理，2013 (12): 94-100.

③ 周利敏. 复合型减灾：结构式与非结构式困境的破解 [J]. 思想战线，2013，39 (6): 76-82.

系的出现，主要是为了应对近年来极端灾害向复合型灾害发展的趋势。在面对复合型灾害时，无论是结构式减灾还是非结构式减灾策略，如果单一地被应用于复合型灾害，都将无法保证减灾目标的实现，所以复合型减灾体系已经成为未来面对复合型灾害时的必然选择。

三、灾后：非正式制度、非营利组织参与研究

1. 非正式制度

非正式制度是独立于国家领域之外的真实存在的社会力量，为人们提供了看似“失序”的社会却“有序”地运作的绝佳机会。① 它被视为经典灾害社会学的新发展，灾后重建中的非正式制度包括家族联结、血缘团体、宗教、风险习惯、灾害伦理、社区组织、学术团体与非政府组织等。它在社会和政府层面都分别具备一定的非正式功能，并可根据不同案例中的功能划分成多种类型。在面临灾后重建时，它有助于提高社会凝聚力。

2. 非营利组织参与研究

灾后重建阶段，在“国家全能”这一灾害迷思的影响下，国家或政府总会先入为主地引起人们的关注。在整个重建过程中，国家或政府的能力被过分夸大，或者说，被寄予了过高的期望，直到出现各种问题后，人们才对其能力表示质疑。在这一过程当中，非营利组织往往被大多数人所忽视。事实上，在灾害重建中，国家或政府的能力才是相较而言稍显乏力的一方，非营利组织所代表的民间社会力量在整个参与过程中反而起到了不可替代的重要作用。周利敏认为，非营利组织主要可以通过四种非正式途径来实现对灾后重建的参与：一是建立社区家庭重建支持中心；二是成立自发性社区服务体系；三是项目委托重建模式；四是社会暨心理关怀站模式。② 非营利组织能帮助各方社会力量迅速参与到灾后重建的工作中来，可以在很大程度上弥补国家或政府在重建工作中的缺陷和不足。

---

① 周利敏．灾后重建中非正式制度的非正式功能及类型化分析——基于多案例的实证研究［J］．人文杂志，2016（2）：102-110.

② 周利敏．灾后重建中的非营利组织与非正式参与途径［J］．大连理工大学学报（社会科学版），2010，31（2）：62-66.

第四节 别样"灾害"：灾害与儿童脆弱性

儿童是弱势群体的代表，在严重的灾害面前，儿童、老人、残障者群体是最容易受到伤害的弱势群体。联合国国际减灾战略于2016年10月13日（国际减灾日）发布了题为《贫穷与死亡：1996至2015灾害死亡率》的主题报告，报告指出，在1996—2015年的20年间，全球共有约135万人死于自然灾害，其中，56%的人死于地震和海啸。

根据2000年第五次人口普查，我们对汶川地震中四川省重灾人口、男性人口和女性人口的年龄结构进行了一次统计。结果显示，在四川18个重灾县中，0～14岁少年儿童人口在总人口中占20.50%，在男性人口中占20.52%，在女性人口中占20.48%。[①] 在另一项数据统计中，根据我国民政部每年发布的年度自然灾害基本情况，2011年至2013年平均每年大约有7300万人次的儿童受到自然灾害的影响。这仅是自然灾害的受灾数据，现实受灾人次必然高于这个数字。这一连串数字背后所反映的其实正是儿童作为弱势群体代表的脆弱性。在严重的灾害面前，儿童、老人、残障者群体往往是最容易受到伤害的弱势群体。这一部分受灾人群在灾害发生的不同阶段都会受到不同因素的影响，导致不同程度的受灾结果，但他们的受灾原因往往无法引起社会足够的关注，所以这一部分人在灾害中的受灾情况无法得到有效改善。因此，我们有必要针对这一问题进行讨论，以期可以引起一定的社会关注，在备灾救灾工作中避免和减轻灾害的发生。

1. 灾害发生时

联合国国际减灾战略于2016年10月13日发布了题为《贫穷与死亡：1996至2015灾害死亡率》的主题报告，报告指出，在1996—2015年的20年间，全球共有约135万人死于自然灾害，其中，56%的人死于地震和海啸。我国历史上发生过的大规模人员伤亡的自然灾害，以地震为主。例如，1976

---

① 郑长德. 四川汶川特大地震受灾地区人口统计特征研究［J]. 西南民族大学学报（人文社科版），2008，29 (9)：21-28.

年 7 月 28 日在我国河北唐山发生的 7.8 级强烈地震，造成 242769 人死亡，16.4 万人重伤。

我国的地震灾害多发生在偏远山区，在这些地区的家庭当中，常会有大规模的青壮年劳动力外出务工的情况，家里只剩妇女、老人和儿童。灾害发生时，由于儿童的个人保护能力不足，无法在第一时间对地震做出判断并采取有效措施，妇女、老人的行动能力较弱，灾害发生时不但很难保护儿童，也很难保证自身安全。除此之外，偏远地区的人们受教育程度普遍偏低，儿童在校期间较少接触到有关灾害方面的知识培训和抗灾训练，这也是儿童在灾害发生时无法有效自救的重要原因之一。

2. 灾后重建阶段

灾害发生后，儿童的生活条件和生活环境都会遭到极大的破坏，住宿和饮食得不到保证，卫生条件也无法达标，儿童的健康问题存在很大隐患。另外，灾后的物资未能合理利用，如儿童食用的奶粉，往往因对不同年龄段的儿童错用不相匹配的奶粉，影响儿童的健康，也浪费了物资。

灾害发生后的持续一段时间内，受灾区域往往会发生二次和次生灾害，周围环境中都会隐藏各种风险和祸患。例如，地震灾害中常会发生的余震，不但常会造成二次伤害，也会加大救灾难度，给还未得到救助的受灾人员的身体和心理造成更大的伤害。儿童也常会因为在灾害发生之后家人忙于重建，缺少陪伴和照顾，更容易受到这些潜在危险的威胁。同时，这一时期也是家庭暴力和拐卖儿童频发的阶段。

受灾后的很多儿童会出现急性应激反应（ASD），多数人会在一个月内逐渐恢复，一些儿童还可能在灾害时间发生三个月后出现，或在事发数个月至数年间出现创伤后应激障碍（PTSD）的症状。不同的灾害事件会造成儿童创伤后应激障碍的程度、特点和水平不同。具体来说，灾害事件的不同类型、性质和模式以及儿童自身的个性特征和生活环境等因素会导致儿童不同的 PTSD 的发生率。[①] 灾害发生后，对儿童照料和陪伴的缺乏，无疑会增加他们的心理负担，不但不利于他们灾后心理创伤上的恢复，还容易引发创伤后应激障碍的出现。若儿童在灾害中失去亲人，这一事实更会对他们的心理

---

① 于冬青．灾后儿童的创伤后应激障碍研究［J］．东北师大学报（哲学社会科学版），2010（4）：142-146．

防线和未来成长造成长期和毁灭性的打击。因此，灾后儿童的心理安抚问题必须引起社会的广泛关注，应注意避免二次心理伤害，控制和减少直接询问心理伤痛以及反复做各方面的问卷或心理调查。

灾害发生后的短时间内，灾区面临重建。一方面，大规模的住房和教学楼倒塌，教学人员不足，教学设备也发生损毁；另一方面，大部分家庭面临重建，许多家庭无力继续为儿童的教育提供支持，很多儿童因此失去受教育的机会。我们常把大部分注意力放在关注儿童是否可以接受教育这一问题上，却往往容易忽视学校所能提供的，这不仅是一个让儿童接受教育的场所，更是一把可以将儿童与灾后同样存在潜在隐患的周边环境相隔离的“保护伞”。除此之外，学校也可以为儿童提供安全感，安抚儿童受灾后的不稳定情绪，避免儿童因为在家人忙于重建时疏于关心而在外面接触到社会中的不良风气，给将来的个人发展埋下隐患。

2011 年，Seballos 根据全球气候变化引发的自然灾害频度程度来预测，到 2020 年全球每年受到自然灾害直接影响或因自然灾害并发的人为因素而波及的儿童数目会达到 1.75 亿人。① 这不能不让我们警醒，我们应该重新审视过往在面对灾害的过程中对儿童保护和救助方面的不足，重视灾前的备灾减灾教育，规范灾后对儿童的救助措施，以期能降低这些过程中本可以避免的不必要的不利后果。

① F Seballos，et al. Children and disasters：understanding impact and enabling agency [J]. Save the Children Fund，2011.

第二章

建制与行动：儿童权利保护

第一节　必要的“理解”：概念界定及基本内涵

一、儿童的含义

在我国古代，人们通常把“儿童”分解为“儿”和“童”两个字来理解。在《辞海》中，“儿”字通常的解释为：①小孩，婴儿，幼儿；②有时候单指儿子；③子女对父母的自称。“童”同“僮”，是指奴仆，也指未成年人，如学童、孩童。在《现代汉语词典》中，“儿童”指的是较小的未成年人。

联合国《儿童权利公约》第1条明确规定：“儿童系指18岁以下的任何人，除非对其适用之法律规定成年年龄少于18岁。”[①] 但由于不同国家和地区，以及不同的学科的划分标准，对于儿童年龄的界定存在着较大的差异。在我国，《中华人民共和国未成年人保护法》第二条规定：“本法所称未成年人是指未满十八周岁的公民。”[②] 我国儿童工作实务界和理论界将我国儿童的年龄界定为0～14岁。[③]

---

① 联合国《儿童权利公约》1989年版。

② 《中华人民共和国未成年人保护法》1991年版。

③ 陆士祯，魏兆鹏，胡伟．中国儿童政策概论［M］．北京：社会科学文献出版社，2005：2.

二、儿童的基本特征

儿童的年龄划分以其区别于成人的生理、心理特点为依据。儿童有其独特的群体特征，只有正确把握这些特征，才能更好地保护儿童，促进其健康发展。

1. 儿童的生理特征

儿童生理发展快速，其显著特征表现为骨骼和器官的快速发育所导致的身高和体重的快速增加。其他诸如消化系统、神经系统、呼吸系统和感官系统的功能也在不断完善。更为突出的是，在各种激素增加的同时，性器官和性功能也迅速成长。①

2. 儿童的心理特征

伴随着身体快速发育的是儿童心理的变化。心理学家认为，儿童时期是培养健康心理的黄金时期，各种习惯和行为模式都在这一时期奠定基础。由于儿童正处于语言和自主行为能力的发展期，在这个阶段其心理也发生了明显的变化，主要体现为：①性格上的变化。如一个开朗活泼的小孩突然变得内向胆怯；一个无忧无虑的小孩变得心事重重，敏感、多疑；一个宽容、友爱的小孩开始嫉妒别人，甚至出现有些报复的心理。②行为上的变化。心理上的变化常常外显于行为，如一个小孩开始变得少言寡语，饮食上开始暴饮暴食或者食欲不振，或者相较过去显得过分的好动等。

总的来说，儿童常常会表现出缺乏安全感、敏感多疑、容易受外界影响、抑郁等问题。在这些心理变化中的不良倾向需要成人及时的帮助和引导。如果在此时忽略了孩子的心理问题，那么这些孩子在成人后想要拥有健康的心理与成熟的人格就会非常困难。

3. 儿童的社会特征

儿童阶段是人的社会化的关键时期。儿童社会化是指一个人在儿童阶段（通常指0～14岁）通过个人和社会的交互作用，获得语言、思维、情感等能力和最初行为的方式，逐步了解社会、掌握生存能力的过程。儿童在这一阶段的社会特征主要有两点：①基础性。儿童是每个人生长发育的初期阶段，

---

① 陈彦艳. 我国儿童权利保护制度研究［M］. 北京：中国政法大学出版社，2016：9-11.

童年的成长经历影响着成年后的发展。一个人成年后的行为方式和意识状态基本上都可以在其儿童阶段的成长中找到根源。②发展性。与其他时期相比，儿童阶段的发展具有全方位和快速的突出特点。具体是指其生理上的发育、智力水平的提升以及心理的成熟等发展的速度是其他时期无法达到的。

4. 儿童的法律特征

由于儿童在社会中的相对弱势地位和其生长发展的需要，各个国家都出台了相应的法律来保证儿童的权利。我国在1991年出台了《中华人民共和国未成年人保护法》，1992年通过了《妇女儿童权益保障法》等，这些法律实质上是儿童独立于成人和受保护的法律特征的表现。儿童的法律特征主要表现在两个方面：①独立性。长期以来儿童是作为国家、社会、家庭以及成人的附属物存在的，不具有法律上独立的地位。随着社会权利的发展，儿童逐渐开始作为一个独立的群体受到关注，其利益也逐渐被法律所认可。②受保护性。由于儿童的生理和心理的限制、认知水平较低，其权利常常被侵犯。而儿童自身的维权意识又较弱，没有办法保证自身的权益。因此，在法律体系中针对儿童的特殊性，结合儿童身心特点，建立起了系统的保护体系。

三、儿童权利的相关概念

1. 权利

权利一般是指法律赋予人实现其利益的一种力量，与义务相对应，它是法学的基本范畴之一，是人权概念的核心词、法律规范的关键词。从法律的角度看，权利是法律赋予权利主体作为或不作为的许可、认定及保障。权利通常包含权能和利益的两个方面。权能是指权利能够得以实现的可能性，它并不要求权利的绝对实现，只是表明权利具有实现的现实可能。利益是权利的另一主要表现形式，是权能现实化的结果。权能具有可能性，利益具有现实性。

2. 人权

人权是指人因其为人而应享有的权利。它主要的含义是：每个人都应该受到合乎人权的对待。普适性和道义性是人权的两种基本特征。按照权利的内容来划分，人权包括公民、政治权利和经济、社会、文化权利两大类。1948年，联合国大会通过了《世界人权宣言》，该宣言提出：“人人生而自由，在尊严和权利上一律平等。人人有资格享有本宣言所载的一切权利和自由，不分种族、肤色、性别、语言、宗教、政治或其他见解、国籍或社会出身、财产、出生或其他身份等任何区划。这些权利和自由可分为公民权利和政治权利以及经济、社会和文化权利两大类。”该宣言对于指导和促进全人类的人权事业发展发挥了极其重要的作用。

3. 儿童权利

儿童权利是儿童作为一个人和作为一个未成年人，根据道德以及法律的相关规定而享有的资格，它从根本上保障了儿童的自由和利益。同时，儿童权利的应有之意是要求他人以及社会尊重和认真对待儿童的一般性义务。儿童权利的概念最早被阐述是在世界人权报告中，该报告宣布儿童权利是人权的最基本结构的一部分：“这样的权利对于人类是十分重要的因素，就像人们不能没有尊严的生存和发展一样，它是基本标准。这些权利对人类是固有的、不能让与的、是全世界的。”①

儿童是权利的主体，也是人权的主体。由于历史上长期把儿童作为成人的附属，因而针对儿童权利的研究也开始得较晚，有些领域也不够深入。1989 年 11 月 20 日，第 44 届联合国大会第 25 号决议通过《儿童权利公约》，这是第一部有关保障儿童权利且具有法律约束力的国际性约定，该公约旨在为世界各国儿童创建良好的成长环境。《儿童权利公约》将儿童的基本权利划归为四类：儿童生存权、发展权、受保护权和参与权。我国宪法规定的儿童权利主要有：平等权、人身权利、政治权利、精神文化活动的自由权、财产权和受教育权等。

四、儿童权利保护

1. 儿童权利保护

儿童作为一个弱势群体，此社会中处于相对不利的地位。他们不懂得如何维护自己的权利，也没有能力维护自己的权利，所以儿童常常处于社会中的劣势地位。因此，他们应该受到社会更多的关注和保护。儿童的发展状况以及儿童权利的受保护情况，已经成为衡量一个社会是否公正公平，以及社会进步与否的重要指标。儿童权利保护制度，是指国家和社会为维护儿童身

① 张婷婷. 社会工作视角下的儿童权利保护［D］. 南京：南京理工大学，2009.

心健康，保护儿童应有的各项权利，促进儿童全面发展所制定的法律、制度和各项措施的总和。

2. 儿童权利保护基本分类及相关领域

《中国儿童发展纲要（2001—2010年）》首次将我国儿童的权利保护分为家庭保护、学校保护、社会保护、司法保护等。目前，我国儿童权利保护主要集中在以下领域：①健康领域。优化卫生资源配置，增加农村和边远地区妇幼卫生经费投入，促进儿童基本医疗卫生服务的公平性和可及性。改善儿童营养状况；提高儿童身体素质；加强对儿童的健康指导和干预等。②教育领域。依法保障儿童受教育的权利。各级政府要组织和督促适龄儿童入学接受义务教育，帮助解决适龄儿童接受义务教育的困难，采取措施防止其辍学。促进基本公共教育服务均等化。坚持基本公共教育的公益性和普惠性，加快建立城乡一体化的教育发展保障机制和基本公共教育服务体系，均衡配置教师、设备、图书、校舍等资源。③法律保护领域。继续完善保护儿童的法律体系。推进儿童福利、学前教育、家庭教育等立法进程。清理、修改、废止与保护儿童权利不相适应的法规政策。增强保护儿童相关法律法规的可操作性，加强法制宣传教育。提高家庭、学校、社会各界和儿童本人保护儿童权利的法制观念、责任意识和能力。④保障儿童的参与权和表达权。鼓励并支持儿童参与家庭、文化和社会生活，创造有利于儿童参与的社会环境，畅通儿童意见表达渠道，重视、吸收儿童意见。

第二节 应有的“坚守”：儿童权利保护的基本原则

“基本原则”一词最早出现于法律领域，是整个法律体系或者某一法律部门所适用的、体现法的基本价值的原则。在儿童权利保护领域，儿童权利保护是指那些贯穿儿童权利保护法律规范，并对儿童权利保护的立法、司法及具体的儿童工作具有普适性、指导性的基本准则。[①] 儿童保护的基本原则，

① 陈彦艳．我国儿童权利保护制度研究［M］．北京：中国政法大学出版社，2016.

对指导儿童权利保护的具体工作发挥了基础性的作用。

1991年联合国儿童权利委员会第一次会议选择了《儿童权利公约》第2、3、6和12条所涉及的思想来作为保护儿童权利的一般原则，即最大利益原则、无歧视原则、保护儿童生存权和发展权原则、尊重儿童意见原则。最初委员会也是按照这四个方面的内容要求各缔约国递交国别报告的。除此之外，中国的《中国儿童发展纲要（2011—2020年）》提出了依法保护原则、儿童优先原则、儿童最大利益原则、儿童平等发展原则、儿童参与原则。

一、儿童最大利益原则

儿童最大利益原则是指涉及儿童的一切事物和行为，都应首先考虑以儿童的最大利益为出发点。截至目前，儿童最大利益还没有一个确切的概念。这是其本身的灵活性、纲领性和模糊性所致。① 此外，王勇民提出，儿童最大利益原则是由成人社会所提出的，而由成人来演绎可能缺乏统一的标准。② 儿童最大利益原则要求，符合儿童权益的权利应当受到最大程度的尊重和保护，而不是笼统地包括所有的儿童权利。陈彦艳认为，儿童利益最大化可以体现在以下几方面：最大利益原则是指导各国儿童立法、司法、行政活动的基本准则；最大利益原则是处理儿童事务的行为准则；最大利益原则是儿童个体权利的最大利益。

1959年《儿童权利宣言》最早在国际法层面上确认儿童最大利益为保护儿童权利的指导性原则。其中，原则二提出，儿童应受到特别保护，并应通过法律和其他方法而获得各种机会与便利，使其能在健康而正常的状态和自由与尊严的条件下，得到身体、心智、道德、精神和社会等方面的发展。③ 继此之后，1989年《儿童权利公约》问世，这使得人们普遍开始关注儿童的权利保护。其中第三条规定："①关于儿童的一切行动，不论是由公私社会福利机构、法院、行政当局或立法机构执行，均应以儿童的最大利益为一种首要考虑；②缔约国承担确保儿童享有其幸福所必需的保护和照料，考虑到其父母、法定监护人、或任何对其负有法律责任的个人的权利和义务，并为

---

① 王蓓蓓．国际儿童保护中的儿童最大利益原则研究［D］．合肥：安徽大学，2012．

② 王勇民．儿童权利保护的国际法研究［D］．上海：华东政法大学，2009．

③ 《儿童权利宣言》1959年。

此采取一切适当的立法和行政措施；③缔约国应确保负责照料或保护儿童的机构、服务部门及设施符合主管当局规定的标准，尤其是安全、卫生、工作人员数目和资格以及有效监督等方面的标准。”这使得儿童最大利益原则也开始在世界范围内为人所知。在我国，《中国儿童发展纲要（2011—2020年）》明确提出，儿童最大利益原则是从儿童身心发展特点和利益出发，处理与儿童相关的具体事务，保障儿童利益最大化。儿童最大利益原则具有普遍价值意义，在不同的文化特色、道德、宗教传统中又有相对适用的标准。各国应该积极承担相应的责任，实现该原则的目标。

二、儿童利益优先原则

儿童利益优先原则，可理解为在处理有关儿童的一切事务时，儿童的利益是第一位的。优先考虑儿童的利益，儿童的利益就能得到最先的尊重与保护。王安宁认为，儿童利益优先可以体现在三个方面：国家政策法律的制定优先考虑儿童利益原则；立法机构优先保护儿童利益原则；司法机构优先尊重儿童利益原则。①

“儿童优先”是一种公共意识，较早见于1959年的《儿童权利宣言》，其原则二明确指出：“儿童应受到特别保护，并应通过法律和其他方法而获得各种机会与便利，使其能在健康而正常的状态和自由与尊严的条件下，得到身体、心智、道德、精神和社会等方面的发展。在为此目的而制订法律时，应以儿童的最大利益为首要考虑。”1992年我国发布的《九十年代中国儿童发展规划纲要》要求各级政府和有关部门坚持儿童优先的原则。《中国儿童发展纲要（2011—2020年）》明确提出，在制定法律法规、政策规划和配置公共资源等方面优先考虑儿童的利益和需求。

三、尊重儿童基本权利原则

尊重儿童基本权利的原则，是指所有儿童都享有生存和发展的权利，应最大限度地确保儿童的生存和发展。目前，我国学界对儿童生存权的表达主要有两种观点。有的学者坚持认为儿童生存权应从两个层面进行理解：一个层面是人的生存应具备的基本权利，包括基本的生命安全和生活保障；另一

---

① 王安宁．儿童权利法律保护的基本原则［D］．济南：山东大学，2012.

个层面是较高层面的生存权，指获得快乐并有尊严，包括身份权和安全的社会环境权。① 也有学者认为儿童生存权应有基础层面和较高层面的生存权，基础层面的生存权是指基本的健康和福利权利，较高层面的生存权是指享有生活的幸福和尊严的权利。

儿童发展权是指儿童拥有的要求社会提供有利于其充分发展身心潜能的社会环境和条件，以满足儿童发展过程中的身体、心理和精神需要的权利。在《儿童权利公约》里，儿童的发展权主要是指信息权、受教育权、娱乐权、文化与社会生活的参与权、思想和宗教自由、个性发展权等。②

《儿童权利公约》第六条规定："缔约国确认每个儿童均有固有的生命权；缔约国应最大限度地确保儿童的存活与发展。"《中华人民共和国未成年人保护法》第三条规定："未成年人享有生存权、发展权、受保护权、参与权等权利，国家根据未成年人身心发展特点给予特殊、优先保护，保障未成年人的合法权益不受侵犯。"

四、儿童平等发展原则（不歧视原则）

我国宪法规定，法律面前人人平等，这一点对于儿童同样适用。儿童在法律面前人人平等，既强调儿童与成年人一样地位平等，也强调所有的儿童地位平等，不因儿童的任何特殊情况或缺陷给予歧视性的待遇。但儿童的平等原则是有区别的平等，坚持儿童在法律面前人人平等原则，并不排斥对特殊状态下的儿童给予更多的特殊保护。因为平等保护并不意味着同等保护，它更加强调实质意义上的平等保护，而不是形式意义上的平等保护。要坚持平等发展原则，就要杜绝对儿童的歧视。王安宁认为，不歧视儿童主要集中在：反对基于儿童出生原因的歧视，坚持儿童出身平等原则；坚持性别平等原则；关心特殊群体儿童（残疾儿童、农村留守儿童、乞讨儿童等）。

《儿童权利公约》第二条规定："①缔约国应尊重本公约所载列的权利，并确保其管辖范围内每一儿童均享受此种权利，不因儿童或其父母或法定监护人的种族、肤色、性别、语言、宗教、政治或其他见解、民族、族裔或社

① 王雪梅．儿童权利论：一个初步的比较研究［M］．北京：社会科学文献出版社，2005.

② 孙毅．论儿童发展权法律保护的原则［D］．济南：山东大学，2007.

会出身、财产、伤残、出生或其他身份而有任何差别；②缔约国应采取一切适当措施确保儿童得到保护，不受基于儿童父母、法定监护人或家庭成员的身份、活动、所表达的观点或信仰而加诸的一切形式的歧视或惩罚。”《中华人民共和国未成年人保护法》第三条第三款规定：“未成年人不分性别、民族、种族、家庭财产状况、宗教信仰等，依法平等地享有权利。”《中国儿童发展纲要（2011—2020年）》提出，儿童平等发展原则是指创造公平社会环境，确保儿童不因户籍、地域、性别、民族、信仰、受教育状况、身体状况和家庭财产状况受到任何歧视，所有儿童享有平等的权利与机会。

五、多重保护原则（多方面联合保护原则）

多重保护原则（多方面联合保护原则）是指为了全面地保障儿童的基本权利，根据儿童的特点及生活环境，由不同的主体保障儿童权利的原则。就一国国内而言，对儿童权利承担保护责任的主体主要涉及国家、社会和家庭。因此，多重保护可以分为家庭保护（父母保护）、学校保护、社会保护、国家保护。其中，国家保护又分为直接保护和间接保护。

《中华人民共和国未成年人保护法》将家庭保护、学校保护、社会保护、司法保护、法律责任法定化。第二章，家庭保护要求父母或者其他监护人应当创造良好、和睦的家庭环境，依法履行对未成年人的监护职责和抚养义务。父母或其他监护人禁止对未成年人实施家庭暴力，父母或者其他监护人应当关注未成年人的生理、心理状况和行为习惯，以健康的思想、良好的品行和适当的方法教育和影响未成年人，引导未成年人进行有益身心健康的活动等。第三章，学校保护要求学校应当全面贯彻国家的教育方针，实施素质教育，提高教育质量，注重培养未成年学生独立思考能力、创新能力和实践能力，促进未成年学生全面发展等。第四章，社会保护提出全社会应当树立尊重、保护、教育未成年人的良好风尚，关心、爱护未成年人。国家鼓励社会团体、企业事业组织以及其他组织和个人，开展多种形式的有利于未成年人健康成长的社会活动等。第五章，司法保护提出公安机关、人民检察院、人民法院以及司法行政部门，应当依法履行职责，在司法活动中保护未成年人的合法权益。未成年人的合法权益受到侵害，依法向人民法院提起诉讼的，人民法院应当依法及时审理，并适应未成年人生理、心理特点和健康成长的需要，保障未成年人的合法权益。在司法活动中对需要法律援助或者司法救助的未成年人，法律援助机构或者人民法院应当给予帮助，依法为其提供法律援助或者司法救助。第六章，法律责任提出违反本法规定，侵害未成年人的合法权益，其他法律、法规已规定行政处罚的，从其规定；造成人身财产损失或者其他损害的，依法承担民事责任；构成犯罪的，依法追究刑事责任。

六、儿童参与原则（尊重儿童观点的原则）

儿童参与原则（尊重儿童观点的原则），是指任何事情涉及儿童，均应听取儿童的意见。儿童参与原则可分为：尊重儿童原则、听取儿童的意见和观点原则、尊重儿童人格尊严原则等。我们既需保障儿童基本权利，又需保障儿童更高层次的权利，实现儿童的发展权、参与权等各项权利。尊重儿童原则的应用表现在以下几个方面：①家庭尊重方面。父母对儿童的尊重，对儿童身心健康的发展十分重要。尤其要尊重孩子的权利、隐私和人格尊严。应该把孩子作为一个有尊严的人来关心和了解他。②学校尊重方面。学校应尊重儿童的生命，对儿童进行生命教育，教他们在自然灾害来临时如何脱险，教他们在暴力事件发生时如何寻求救济。③社会尊重方面。新闻媒体对儿童进行报道时要尊重儿童的隐私，不随便透露儿童的个人信息，尤其是对儿童不利的信息。网络媒体应净化儿童所接触的各类环境，避免儿童看到或接触到不文明现象。④司法尊重方面。要尊重未成年人的隐私权，在司法活动中，对于需要法律援助或者司法救助的未成年人，法律援助机构或者人民法院应当给予帮助，依法为其提供法律援助或者司法救助。

1989 年《儿童权利公约》第十二条规定：①“缔约国应确保有主见能力的儿童有权对影响到其本人的一切事项自由发表自己的意见，对儿童的意见应按照其年龄和成熟程度给以适当的看待。②为此目的，儿童特别应有机会在影响到儿童的任何司法和政策诉讼中，以符合国家法律的诉讼规则的方式，直接或通过代表或适当机构陈述意见。”《中国儿童发展纲要（2011—2020 年）》提出，鼓励并支持儿童参与家庭、文化和社会生活，创造有利于儿童参与的社会环境，畅通儿童意见表达渠道，重视、听取儿童意见。

七、依法保护原则

依法保护原则，是指依照法律法规或相关的政策规定，尊重儿童在身心发展的各个过程中所应享有的各项权利，保护儿童的各项权益，进而促进儿童全面健康发展的原则。依法保护原则是保护儿童权益所必须遵守的基本原则之一。王安宁认为，依法保护原则可以细分为以下几种小原则：保密原则；不公开审理原则；个别审理与合并审理相结合原则；刑法个别化原则；教育为主、惩罚为辅原则；严格限制刑罚适用原则；全面原则；避免二次伤害原则；事审判注重调解原则；民事审判迅速处理原则。

第二次世界大战后，西方社会开始把对儿童的关系和照料上升到特殊群体法律保护的高度，并开始通过国家立法和国际公约的形式逐步确定下来。康德、卢梭、洛克在儿童权利思想的启蒙发展方面的观点深刻、全面，奠定了近代西方儿童权利法律保护的思想基础。19 世纪，人权运动席卷西方。1802 年，英国议会通过《学徒健康与道德法案》，这是世界上第一部保护童工、禁止非法雇佣童工的成文法律。我国自 1991 年出台《中华人民共和国未成年人保护法》后，出台了一系列儿童权利保护的相关法律。但我国的未成年人保护立法欠缺可操作性，且存在一定的滞后性。[①]

第三节　责任的“承担者”：儿童权利保护主体

儿童作为国家的公民，理应享有法律规定的各项基本权利。但在现实生活中，由于儿童自身的权利意识不强、维权能力较差且自身存在脆弱性，儿童受伤害、基本权利受到侵犯的事件层出不穷。基于儿童维权的困难性，我们提出了由国家、社会组织、家庭、学校和公民共同承担责任，保护儿童的权利不受侵犯。

一、国家

国家在儿童权利保护的过程中承担着领导各方的作用，承担着保护公民的合法权益的责任。对于儿童权利的保护，首先，国家应该明确儿童权利的范围和内容，完善宪法和配套法律，规定各个机关部门在儿童权利保护中的

① 郑希．中国儿童权利法律保护的完善［D］．济南：山东大学，2014．

职责并严格落实；其次，保护儿童权利的各个主体间的联动机制也需国家的总领和协调，通过国家的总领和协调，各个主体间可以相互协作、彼此配合；再次，在儿童保护的过程中，要有针对性地对儿童保护的情况进行监督和考察，尤其在儿童的权利受到侵犯时，要及时向受侵犯的儿童提供救助；最后，国家要根据实际情况对儿童的发展以及权利保护情况做出新的战略规划。

二、社会组织

广义的社会组织是指动物进行共同活动的所有群体形式，包括氏族、部落、部族、家庭、秘密团体、政府、军队和学校等。而狭义的社会组织是为了实现特定的目标而有意识地组合起来的社会群体。在儿童成长过程中，对儿童的保护不能只限于家庭和学校，因为儿童的活动范围不止学校和家庭，他们还受到社会环境的影响。食品企业影响儿童的食品安全，玩具企业影响儿童玩具的安全，医疗卫生等基础设施影响儿童的健康状况。这些都需要社会各界的共同努力。良好的社会环境需要社会各界共同营造，儿童成长需要各方共同努力。

三、家庭

家庭是儿童最主要的生活场所。儿童是家庭的一部分，儿童的成长更离不开家庭的支持。对于儿童而言，家庭环境的安全和稳定至关重要。家庭可以为儿童搭建保护的屏障，为儿童提供情感的关怀，而这种来源于血缘亲情的关怀，是其他组织和个人无法提供的。家庭在任何时候都是保护儿童的首要单位，承担着对儿童进行全方位安全教育的基本责任。

四、学校

学校是有计划、有组织地进行系统的教育活动的组织机构。学校是以促进儿童的身心发展为目的的机构。除家庭之外，儿童绝大多数的时间都在学校度过。可以说，儿童权利的大部分都可以在学校中得到体现。学校不仅要保障儿童的人身安全，提供安全的教育环境，还要重视儿童人格的健康发展，促进学生之间友好相处，坚决杜绝学校内外的“恃强凌弱”，保证每一个孩子都有平等的发展环境。除此之外，还要在儿童的心理、德育、体育、智力等各个方面使儿童得到发展，形成健全的人格。

五、公民

儿童权利的保护归根结底是靠每个个体去完成的。因此，每个公民都应养成爱护儿童的行为习惯，树立起保护儿童的权利意识。在生活中把保护儿童内化于心，外化于行，遵守法律规定，履行保护儿童权利的义务。同时，要尽可能地去帮助儿童树立起权利意识，增强儿童自我保护的能力。

第四节 特别的“守护”：灾害儿童权利保护

本书第二章第一节已经对儿童权利及保护进行了基本的介绍，这是针对所有儿童的普遍说法，但灾区儿童因经历了重大变故或灾害，与一般的儿童在身心发展上可能会有差别，在其权利保护上应该要有特别强调的部分。《儿童权利公约》提到的儿童权利多达几十种，如姓名权、国籍权、受教育权、健康权、医疗保健权、受父母照料权、娱乐权、闲暇权、隐私权、表达权等，但其最基本的权利可以概括为四种：生存权、受保护权、发展权、参与权。我国所有儿童都同等地享有这些权利，灾区儿童的权利同样受到国家和社会的保护。

一、备灾阶段

目前我国对灾区儿童的保护工作主要集中在灾害发生之后的心理疏导、物质支援等，却忽视了日常生活中对儿童的减灾防灾意识的养成，虽然全国中小学每年都会组织模拟灾害逃生演练，但这种由成年人策划组织的活动未必符合儿童的真实需要，儿童对现行的减防灾教育活动的认知停留在“有组织的逃跑”，并没有真正学会灾难到来之际自己要怎么做才能保护自己的生命安全、如何在保护自己的同时帮助他人、如何安全地撤离等实用技能，儿童的权利没有得到充分重视，因此，在减灾防灾知识教育工作中应该明确儿童的主体地位，不应该让减灾防灾知识教育变成一种被动的知识灌输，老师或家长可以尝试与儿童交流、咨询他们的想法，使儿童自发思考减灾防灾知识学习与自己生活的关联，这有利于儿童意识到自己对社会事务的参与权。同样的，儿童拥有充分发展其全部体能和智能的权利。调查显示，很多儿童都有强烈的参与防灾减灾工作的意愿[①]，所以成年人应该倾听儿童的表达，尊重儿童的表达权，鼓励儿童发挥在灾害教育中的主动性，使儿童主动参与灾害预防文化，培养减灾防灾的主体意识。

二、救灾阶段

“一方有难，八方支援。”我国是一个灾难频发的国家，在灾难面前，秩序化的救灾工作和对口援建总能展现出大国力量，支援灾区的食物、饮用水、衣物、帐篷等物资总能第一时间送到灾区。但灾区儿童有特别的需求，在准备救灾物资时应考虑儿童的特殊需要，除了儿童在饮食和穿衣上的不同外，还需要考虑儿童作为心智尚未发育健全的天然弱势群体，其心理创伤往往短时间内难以抚平。在一些案例中，社会工作者会给儿童送玩偶、毛绒玩具等柔软、可爱的物件，让他们在拥抱玩偶时感受到内心的平静和安全感，为进一步了解儿童基本情况、心理活动、生活感受做好铺垫。

突如其来的灾害打乱了儿童日常的生活节奏，尤其是学龄儿童最能感受到生活秩序的反差，他们会感到空虚、无助、绝望，渴望回归原来的生活轨道。在一些经济条件落后的偏远地区，很多儿童会因为担心学校坍塌之后自己今后如何上学、如何生活而感到焦虑。因此，在准备救灾物资时，针对儿童群体的特殊需求，可准备一些适合不同学龄的儿童阅读的、正能量的书籍，使灾区儿童在阅读中受到慰藉、找到内心的平静，并从书中受到鼓舞。此外，在灾害救助和灾后转移时同样需要重视儿童需求，对于需要搬迁到新的生活环境的儿童，需要跟踪观察他们对新搬迁地环境的融入情况。若发现儿童存在人际沟通障碍、严重的自卑心理、暴力倾向、社会适应不良等问题，须及时予以指导和帮助，提供心理咨询服务等。

三、灾后重建阶段

我国“防灾减灾日”的标志设计理念是大家共同防灾减灾，这个“大家”当然也包括儿童群体，却往往被成年人忽视了，儿童有参与社会生活的

---

① 潘谊. 儿童参与防灾减灾：实践与探索［J］. 中国减灾，2013（10）：18-20.

权利，有权对影响他们的一切事项发表自己的意见。虽然我国已经将儿童权利保护上升到法律层面，但需要强有力的社会监督体系来协助实施，灾害带来的突发的社会秩序混乱、法律体系失灵，使得灾后重建阶段的儿童面对生存权、受保护权、发展权、参与权等全方面的权利受损，仅仅进行心理疏导是不够的，需要建立全方位的支持环境，帮助儿童自我治愈、增强权能。

经历过灾难的儿童往往面临着家庭环境、学习环境的巨变，并且灾区普遍处于生活物资匮乏、交通系统崩溃、亲人离散和社会支持网络断裂等困境，这一系列的变故可能会使儿童表现出无法接受生活环境损毁、安全感极度减弱、心理行为障碍，甚至有自杀的意图。这些心理创伤对儿童行为有严重的影响，会导致沟通障碍、过度警戒、暴躁易怒、行为混乱等不当行为。此时，不应该把儿童视为“问题儿童”，对儿童人权的尊重是帮助儿童走出困境的重要因素，可以为儿童提供一个舒适安全的“类家庭”环境，对儿童的紧张、恐惧情绪表示安慰和支持，关键是帮助儿童建立起对周围环境的安全感。

《儿童权利公约》规定儿童享有受保护权，包括保护儿童免受歧视、剥削、酷刑、虐待或疏忽照料。灾害发生后，家长、救援人员忙于抢险救灾，应急措施往往又是非常规的，在与儿童的权益冲突时，人们往往会牺牲儿童的利益，从而造成儿童权利的损害。刚经历了灾害的儿童可能会被疏忽，如果遇到的是地震这种会有余波和隐患的灾害，在灾区没有得到妥善安置和陪护的儿童可能会受到二次伤害。儿童在心理上的变化也需要谨慎观察，对儿童出现的心理问题应及时予以援助和疏导。

儿童的发展权规定儿童具有充分发展其全部体能和智能的权利，要相信儿童在灾害面前的潜能仍然有开发的价值。面对那些有严重心理问题和伤病的儿童，应该强调他们的价值、肯定他们的潜能。很多儿童在遭遇了家园破碎之后都有重建家园的希望和能动性，不要单纯地把灾害儿童当作病人或弱势群体，这不利于灾害儿童消除心理阴影，以平等的姿态融入社会。

儿童是儿童权利保护工作的主体，对儿童权利保护工作的丰富和完善是通过在儿童权利保护工作的开展中不断反思和学习来实现的，灾区儿童也许心理上存在障碍，行动力有所受损，但儿童是社区的一分子，是参与家园重建的主体。灾害是不能避免的，但是儿童的有效参与有可能有助于避免危害转化为灾难。因此，要能耐心地倾听儿童的想法并给予支持和鼓励。①

需要明确的是，在安全和健康的环境中健康快乐地成长，是所有儿童的基本权利，也是国家、社会组织、家庭应该合力创造的适合儿童成长的基本生活环境。灾区儿童是一个特殊群体，在权利保护方面需要特别强调儿童的价值和能力，儿童有权利在发生灾害时获得保护，包括保护儿童生命安全、保护儿童远离二次伤害；儿童有权利参与灾害发生时对其生活状况有影响的各方面的决策；灾区儿童是今后重建家园的中坚力量，在灾害发生时，他们有意愿和能力担当他们的责任、行使他们的权利，并发挥不可忽视的能动作用。

---

① 潘谊．儿童参与防灾减灾实践与探索：实践与探索［J］．中国减灾，2013（10）：18-20．

第三章

“最后一公里”的启示：社区儿童保护体系建设

第一节　缘起：社区儿童保护体系建设的必要性分析

在我国，家庭自古以来就是儿童保护的主体，也一直是最有效的儿童保护的基本单位。随着我国经济进入高速发展的新时期，与高速工业化、城市化相伴而生的是家庭保护功能的弱化。同时，儿童面临的社会环境日益复杂，儿童问题逐渐凸显，家庭已无法独立承担儿童保护的重任。此外，“儿童优先”“儿童参与”的理念没有在全社会实践，关于儿童权利的宣传教育活动也尚未普及。在缺乏社区关怀、社会监督的情况下，儿童群体很可能陷入孤立无援的境地。

社区保护是社会保护层次中的基层保护，能够直接干预影响儿童健康成长的事件，并且能够获取大量关于儿童实际情况的信息。以社区为基础，整合各类社会资源，创造有利于儿童健康成长的环境，已成为儿童社会工作的重点，其紧迫性和重要性要求社区通过建设社区儿童保护体系介入我国儿童保护工作，发挥保护儿童的作用。

由于儿童的生理、心理发育尚不健全，儿童是天然的社会弱势群体，社区又是儿童社会化的主要场所，所以社区儿童保护体系建设是社会的现实需要。社区儿童保护体系建设的主要内容包括两层含义：一是通过具体方式方法在社区开展保护儿童的生命权、被抚养权、健康权等诸多合法权益的工作；二是通过与各有关的社会单位合作，整合社会力量，营造对儿童有利的成长环境，保护儿童成长。[①] 社区儿童保护实质上是一种基础性质的综合保护，通过社区组织和公众单位，诸如学校、家庭、公安等组织和机构，共同保障儿童的合法权益，营造对儿童成长有利的微社会环境。

《儿童权利公约》规定世界上每一个儿童都应平等地享受生命权、生存权、发展权以及参与权。《中华人民共和国未成年人保护法》规定，未成年人不分性别、民族、种族、家庭财产情况、宗教信仰等，依法平等地享有权利。美国、瑞典等国已经充分意识到社区在儿童保护中的重要作用，在儿童保护方面注重多方合作，政府、社会组织、社区共同担负起儿童保护的工作，有明确的分工和资源整合方式。相比之下，我国的社区儿童保护体系建设仍处于起步阶段，并且存在很多不足之处。首先，我国没有专门的儿童保护机构统筹社区儿童保护工作，社区儿童保护服务体系及内容仍然空白，现行的儿童保护工作没有充分发挥社区的重要作用。其次，我国从事社区儿童保护的专职和专业人才紧缺。截至 2015 年底，全国持证助理社会工作师和社会工作师共约 20.62 万人，当中从事儿童保护领域的社会工作者更少。而 2012 年美国就已经有 60.73 万名专业社工，其中，47%服务于儿童、家庭和学校领域。目前，我国专职于儿童保护的机构和项目还不完善，专业的儿童社工极为缺乏，社区内部的儿童权益保护委员会的成员多半是没有受过专业训练的业余工作者，对儿童保护并没有全面的认识，对儿童保护投入的时间也非常有限。最后，家庭儿童保护意识缺位，儿童的自我保护意识薄弱。家长在体罚孩子、虐待孩子时，很多时候并未意识到自己已经侵犯了儿童的合法权益，对儿童保护的敏锐性有待提高。

尊老爱幼是我国的传统美德，近年来“南京养母虐童”“贵州毕节 4 名儿童服农药中毒死亡”等儿童伤害事件频发，学界逐渐认识到以社区为载体、建立社区儿童保护体系是保障儿童免受伤害、歧视、忽略的根本方法，有利于形成多方参与的社会保护网络，促进家庭、社区的参与，整合社会资源。充分发挥社区对儿童的保护作用，创造一个有利于儿童健康成长和良性

---

① 中华人民共和国民政部. 中国民政统计年鉴 2016 [M]. 北京：中国统计出版社，2016.

发展的环境，有利于使儿童尽可能地避免社会负面信息的侵害，减少越轨行为发生的概率。做好社区儿童保护体系的建设，也是贯彻落实《中国儿童发展纲要（2011—2020 年）》的具体体现：在指导性文件方面，国务院颁布《中国儿童发展纲要（2011—2020 年）》，在策略措施中强调要强化城乡社区儿童服务功能，建立以社区为基础的儿童保护工作运行机制；在社会工作方面，通过培养专业的儿童社工队伍，建立整合专业的儿童活动场所，并配备专兼职工作人员，为社区里的儿童、家庭提供服务；在法律工作方面，针对受暴力伤害儿童问题，探索建立儿童庇护中心，尝试建立预防、强制报告、反映、紧急救助和治疗辅导工作机制等。

建设社区儿童保护体系，是由儿童保护现状决定的历史必然。在社会高速发展的背景下，要有效做好社区儿童保护工作，就需要最大化地整合社区内部资源，促进各级政府职能部门之间的紧密联系，准确把握社区内儿童的基本信息和动态。要达到以上几点要求，社区儿童保护体系建设就是重中之重，我国应通过健全有关社区儿童保护的法律法规、建立专门政府机构统筹社区儿童保护工作、建设社区儿童服务中心等措施来建设社区儿童保护体系。这一体系的建设一是能连接社区儿童与利益相关群体的关系，形成社区儿童保护网络的重要终端平台；二是有利于社区机构及专职人员开展对社区儿童的教育、保护、发展工作；三是为社区管理者开展社区儿童保护活动创造工作条件；四是能够联动家庭、社会部门、社会组织，共同创建良好的社区环境。① 由此可见，社区儿童保护体系建设能够有效地突破现行儿童保护制度的局限，弥补我国针对儿童保护的法律法规和社会服务的不足，同时提高居民的社区参与感，增强社区凝聚力，最终推动我国儿童保护工作的开展。

第二节　解读：社区儿童保护体系框架构成

前文已经对社区儿童保护体系建设的重要性和必要性做了全面分析，本

---

① 白雨冉．社区儿童综合保护网络构建研究——以玉溪市红塔区北城镇为例［D］．昆明：云南大学，2014．

节不再赘述。世界各国也在积极探索社区儿童保护体系的建设，美国、日本、澳大利亚等在儿童保护方面十分先进的国家基本已经确立了社区儿童保护体系，虽然我国在 21 世纪初就有社区儿童保护的尝试，如“城转村”儿童保护项目在秦皇岛渤海社区揭牌，但就目前的发展情况来看，我国社区儿童保护体系建设仍处于探索阶段。

社区儿童保护体系的建设基本框架包括理念、制度、主体以及保护机构和专业队伍。

理念层面主要是指以“儿童优先”为主的先进儿童保护理念。理念和思想走在前面，行动就能紧跟步伐。《儿童权利公约》第三条第 1 款明确规定了“应以儿童的最大利益为一种首要考虑”，即“儿童利益优先”原则。《国家“十三五”规划纲要》与《中国儿童发展纲要（2011—2020 年）》明确要求坚持“儿童优先”原则。坚持“儿童优先”的理念和原则，就是要充分保障儿童的生存权、发展权、受保护权和参与权。无论任何时候，都要把儿童的利益放在第一位。根据我国儿童保护政策和实践的进程，“儿童优先”是我国近年来学习国际经验后才提出的理念，所以对“儿童优先”理念的倡导和宣传还十分有限。不管是政府的政策制定还是儿童保护工作的开展，都缺乏对“儿童优先”意识的强调和重视。但社区儿童保护体系的建设首先需要“儿童优先”理念的普及，这不仅与政府部门或儿童工作者有关，还与公众有关，与每一个成人有关，当这一理念深入人心，成为一种常识时，社区儿童保护体系的建设的阻力就会减小，因此，这是体系建设中必不可少的一部分。

制度层面主要是指完善的儿童保护法律法规和政策体系。我国对儿童的保护已经有多年的经验和实践，针对儿童的法律保护也有许多成果，自新中国成立以来已经有各项关于儿童保护的法律。

（1）以儿童为主体的专门相关法律，如表 3-1 所示。

表 3-1　以儿童为主体的专门相关法律

时　间	法　律	儿童保护
1986 年、2006 年、2015 年	《中华人民共和国义务教育法》	保障适龄儿童、少年接受义务教育的权利
1991 年、1998 年	《中华人民共和国收养法》	保障收养关系中儿童的权利

续表

时　　间	法　　律	儿童保护
1994 年、2009 年、2017 年	《中华人民共和国母婴保健法》	保障婴儿的健康和权利
1995 年、2009 年、2015 年	《中华人民共和国教育法》	保障所有儿童受教育的权利
1991 年、2012 年	《中华人民共和国未成年人保护法》	从家庭、学校、社会和司法方面对未成年人进行保护

（2）以儿童为主体的非专门相关法律，如表 3-2 所示。

表 3-2　以儿童为主体的非专门相关法律

时　　间	法　　律	儿童保护
1980 年、2001 年	《中华人民共和国婚姻法》	父母对儿童的抚养和教育，“禁止溺婴、弃婴和其他残害婴儿的行为”
1979 年、2015 年	《中华人民共和国刑法》	保护儿童的人身权利、民主权利和其他权利
1986 年、2009 年	《中华人民共和国民法通则》	保护民事活动中儿童的合法权益
1992 年、2005 年	《中华人民共和国妇女权益保障法》	保障女童的各项权益
1995 年、2009 年	《中华人民共和国劳动法》	禁止童工的录用
1999 年、2012 年	《中华人民共和国预防未成年人犯罪法》	保障未成年人身心健康，培养未成年人良好品行

除了法律法规的保障，在生活方面，国家还对贫困、残疾等处于困境的儿童进行救助，如城乡最低生活保障制度、农村五保户供养制度、孤儿和艾滋病病毒感染儿童基本生活费制度等。此外，国家还着手实施了农村义务教育学生营养改善计划，并制定了实施细则。在医疗保障方面，依据《中华人民共和国母婴保健法》，国家制定了儿童保健工作规范，建立了统一的城乡

儿童保健服务标准；建立了城乡医疗救助制度，开展了农村儿童重大疾病医疗保障试点工作，并实施了针对残疾孤儿的“明天计划”和针对唇腭裂儿童的“重生行动”。在教育保障方面，国家颁布了旨在保障适龄儿童基本受教育权利的《中华人民共和国义务教育法》，城乡适龄儿童都可以享受九年义务教育；针对学前儿童，国家建立了学前教育资助制度；针对特困儿童，开展了城乡特殊困难儿童教育救助工作；近年来流浪儿童、留守儿童的平等受教育权利也得到国家的关注。在儿童保护方面，针对流浪儿童，国家明确提出了救助保护机构的保护责任；针对被拐卖儿童，国家制定了长期、持续的“反拐”行动计划；面对高发的儿童乘车安全事故，国家快速响应并出台了《校车安全管理条例》，确保儿童的人身安全。儿童保护工作取得长足进步的一点，体现在2011年国务院颁布的《中国儿童发展纲要（2011—2020年）》上，这是对于儿童全面保护的重要保障和全国推进儿童保护工作的指导性文件。

在各项法律和政策的指导下的儿童实践更加具备科学性、全面性。以前由政府负责儿童保护的具体工作，随着社会的进步和改革，多主体共同参与到儿童保护的工作中来。首先，政府的指导性地位不变，各项政策和方针的出台依然是儿童保护工作的有力保障；其次，司法部、公安部、民政部等相关职能部门对儿童保护有了新的认识，从以前职责不清到现在开始合作，他们有了较为明显的协作意识；最后，学校、社区、家庭三方共同参与儿童保护的教育和普及工作。通过学习国外先进经验和本土研究，目前我国儿童保护工作已经取得了突出的成就。

尽管我国儿童保护工作已经取得明显的成就，但我们不难看出，我国儿童保护的法律和政策体系还是不完善的。就目前的儿童保护法律政策来看，其存在几个问题：①儿童保护立法政策仍留有诸多空白；②现有立法政策较分散，且层次较低；③现有立法职责主体和监督体系缺位；④缺乏儿童特殊性针对性的立法。[①] 因此，要在制度层面充分保障儿童的权益，促进儿童的福利事业，首先就要有完善的儿童保护法律法规和政策体系。这就要求在立法层面上，应有专门针对儿童保护和儿童福利的法律。《中国儿童发展纲要

---

① 赵川芳. 儿童保护：现实困境与路径选择［J］. 社会福利（理论版），2014（5）：50-54.

(2011—2020年)》明确提出：“继续完善保护儿童的法律体系。推进儿童福利、学前教育、家庭教育等立法进程。”目前我国已制定了《中华人民共和国未成年人保护法》这一基础法律，还要以儿童优先的视角切入，不断修改和完善现有的《中华人民共和国刑法》《中华人民共和国民法》《中华人民共和国未成年人保护法》等法律，充分满足儿童这一主体的特殊需求。在法律强有力的保障之下，政策和法规才会根据其中心思想配套出台，覆盖儿童救助、儿童安全、儿童教育、儿童卫生保健、儿童发展以及儿童福利等各个方面，全面保护儿童健康成长和发展。与此同时，必须明确儿童保护的职责主体，建立完善的监督体系，为儿童保护法律政策的执行保驾护航。

主体层面涉及较广，包括社区儿童保护主导机构、多部门长效合作联动机制、社会多主体儿童服务网络体系。国外都设有专门针对儿童保护的行政部门，而我国虽然在国家各部下设有与儿童相关的二十多个具有儿童权利保护职能的机构，如国务院妇女儿童工作委员会、全国青联和共青团少年部、全国妇联家庭和儿童工作部、民政部儿童福利处、文化和旅游部未成年人文化处、国家卫生健康委员会妇幼保健司、教育部基础教育司以及国务院各部委相应的儿童工作部门，但是关于儿童保护至今没有一个专门的部门来负责。目前来说，虽然国家和地方各级设有妇女儿童工作委员会和未成年人保护委员会及其办公室，但这两个机构不具有法定的儿童权利保障职责，不具备真正的行政执法权，并且在国家行政系统内地位较低，所以不足以实现对儿童保护的有效保障。同时，国家各部下的儿童保护的行政部门又比较分散，只负责自己业务范围内的儿童相关工作，始终缺乏负责儿童保护的统一的行政部门。国家和地方的儿童保护主导行政部门未确立，社区层面的主导机构就更难以确立，即使确立了，也难有权利保障，儿童保护工作的推进只会充满阻力。因此，国家和地方要确立好主导行政部门，以该部门牵头负责儿童保护工作，并且以社区为落脚点，确立社区层面的儿童保护工作责任主体，如社区两会（儿童委员会和家长委员会）、儿童之家等。如果从国家到地方再到社区，建立好层次分明、职责清晰的体系，那么社区儿童保护体系的建设就能落地生根。

建立和完善以社区为主体的儿童保护体系离不开各部门的联动合作。随着政府部门服务理念的转变，各部门之间已经形成了相互合作的意识，并且在儿童保护实践方面也有了合作的尝试，如公安部门、司法部门、学校、医院等部门、单位合力负责儿童的安全保护工作。但由于缺乏主导部门和责任主体，这样的合作大多停留在简单的配合和对自己岗内常规任务的完成上，并未实现长效的合作联动机制。各部门除了在日常的儿童保护工作中需要相互合作外，还需要做到：政府为儿童保护制定和完善法律法规和政策，指导社区儿童保护工作的顺利进行；公安、检察、法院和司法部门帮助社区为儿童提供安全保护；全国妇联、共青团、残联和人力资源和社会保障部等为社区儿童提供救助和服务，尤其是对弱势儿童的关爱和保护；教育部门针对儿童制定完善的教育方针和政策，充分保障儿童受教育的权利和质量；国家卫生健康委员会为儿童提供全面优质的医疗和卫生保健服务，促进儿童健康成长。为儿童保护提供支撑的各个部门如图 3-1 所示。政府和各个部门以社区为落脚点，实现灵活有效的合作联动，为儿童的社区保护体系建设提供强有力的支撑。

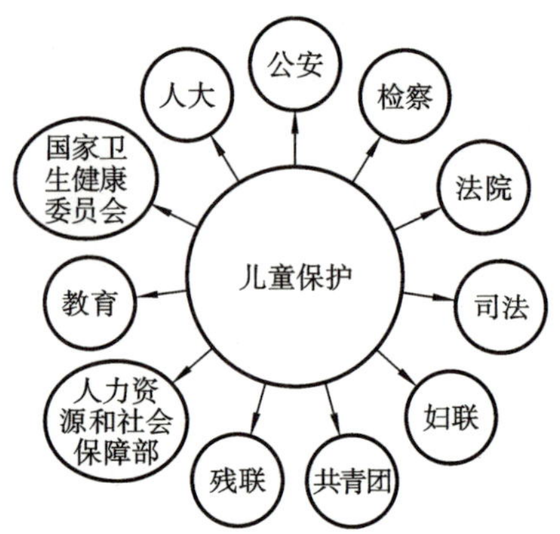

图 3-1 为儿童保护提供支撑的各个部门

社区儿童保护体系的建设不是只依赖政府以及各部门就能够做到的，它还需要多主体的介入，为儿童构建服务网络体系。家庭、学校、社区、社会组织、媒体和公众都有义务为儿童的社区保护提供服务。家庭和学校为儿童提供基础的安全保护和教育，尤其是注重对儿童心理健康的保护。

家庭和学校作为儿童保护工作中的重要单位，在儿童保护工作当中扮演着重要的角色，承担着对儿童基础的安全保护和教育以及儿童的心理教育工作；社区作为连接家庭和社会的重要枢纽，是儿童社会化的重要场所，社区通过建立对儿童状况的监护制度和失助未成年人档案、建立社区庇护所等方式，对经济贫困、单亲等不同类别的家庭给予一定的支持和帮助。社区在弥补其他主体对儿童保护不足的同时，将多方资源进行连接和整合，集中发力，将社区发展为儿童保护的主要阵地；社会组织加强开展儿童社会工作，结合现有资源，挖掘潜在资源，为儿童提供全方位、高质量的社会工作服务；媒体在儿童服务网络体系中不仅要扮演宣传的角色，也是向全社会呼吁儿童保护的重要媒介；公众要树立正确的思想，重视儿童权利的保护，坚持“儿童优先”。多主体儿童服务网络体系如图 3-2 所示。各主体不是单一地为儿童提供保护，而是通过共同努力和协作为儿童构建服务网络体系。只有完善了日常的儿童服务体系，才能在社区儿童保护体系的建设中充分调动资源，为儿童保护打好稳固的基础。

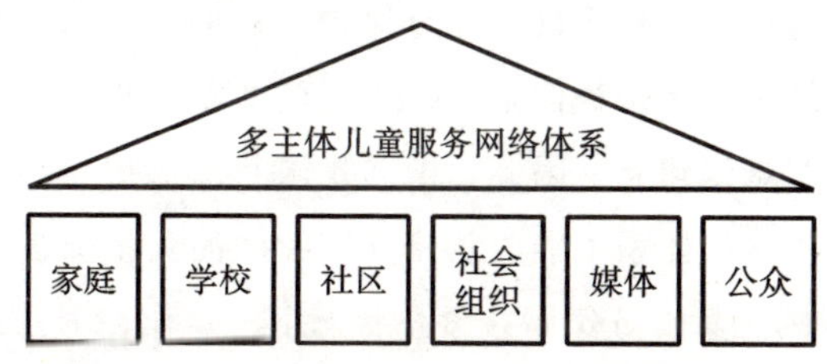

图 3-2　多主体儿童服务网络体系

保护机构和专业队伍主要是指儿童保护福利机构和儿童社会工作专业队伍。在建设儿童保护服务机构方面，不仅需要政府的引导和支持，还需要整合社会资源和民间力量，引进民间社会组织，发挥儿童福利院、流浪儿童救助保护中心、儿童庇护所等机构的作用，并逐渐完善这些机构的功能。在保护儿童对象方面，我国大多数儿童福利机构以帮助流浪儿童、残疾儿童、孤儿等为主，但实际上，问题儿童还包括受虐儿童、因父母服刑或病重等而无监护人的儿童，在开展儿童保护工作的过程中应当扩大儿童保护对象，让每一个儿童获得健康成长的权利。

儿童保护最终需要专业人员的参与，同理，社区儿童保护体系的建设也离不开儿童社会工作专业队伍的介入。社会工作是在专业价值观的指导下，运用专业的助人方法，挖掘其潜能，帮助他人走出困境的一种助人过程和方法。儿童社会工作是专门以儿童为服务对象，针对儿童的特殊需求，为儿童提供保护和服务的工作。与其他儿童保护工作不同的是，儿童社会工作以专业的理念进行介入，连接和整合各类资源，以儿童为主体，挖掘儿童的潜力，帮助儿童走出困境，为儿童提供专业化、个性化的保护和服务。尤其是在儿童物质需求日益得到保障的今天，儿童的心理需求和社会性发展的需求日益突出，专业化服务将成为儿童保护工作的关键，所以儿童社会工作专业队伍也将成为社区儿童保护体系的重要力量。

第三节　行动：社区儿童保护体系运行机制

好的制度和体系如果没有可操作的运行机制是不可能落地生根的，社区儿童保护体系也是如此。对于社区儿童保护体系的探索已经持续了多年，却一直没有建立起社区儿童保护体系，除了国内儿童保护的进程使然，更重要的原因是运行机制难以建立。因此，虽然我国儿童保护工作取得了重要的进展，但若社区儿童保护体系不能成功建立，我国的儿童保护就难以有质的飞跃。2008 年之后的儿童友好家园在紧急状态下的运作，为社区儿童保护体系的运行机制提供了重要的参考。

首先，社区儿童保护体系的运行离不开制度保障。要保证儿童保护的制度体系面面俱到，就需要国家从顶层设计上开始着力。这里的制度保障，不仅包括有关儿童保护的法律制定，还包括有关救助、医疗、教育等其他配套的法律和政策出台。我国的法律制度和福利模式已经由“补缺型”向“适度普惠型”转变，这意味着关于儿童福利的制度和政策也要紧随其后，全面为儿童保护工作保驾护航，提供指导性意见。

其次，在制度保障的前提下，需要有组织架构的保障来运行这一体系。根据《中国儿童发展纲要（2011—2020 年）》目标责任分解书，建立儿童之家的主要责任单位是民政部、全国妇联、中国科学技术协会和共青团中央委员会，责任单位是国家发展和改革委员会、中华人民共和国住房和城乡建设部。虽然国家针对儿童之家的建设进行了责任主体的确立，但对于由哪个组织来牵头并未说明，所以很容易出现相互推诿、职责不清的情况。此外，国家对于儿童保护还没有确立带有行政执法权的责任部门，虽有国务院妇女儿童工作委员会对《中国儿童发展纲要（2011—2020 年）》进行起草和制定，对全国的儿童保护工作进行指导，但在真正的工作开展过程中，由于各级妇联和妇儿工委在职能部门中地位处于群团服务，跨部门联合开展或者指导工作时，存在一定的阻力。因此，应确立社区儿童保护体系的建设的责任主体是国家重要的行政部门，并联合其他部门协作联动，全力推进全国的社区儿童保护体系建设。另外，各省、市、县、镇各级也要明晰儿童保护工作的部门，基本由各级妇女儿童工作委员会负责，但责任主体仍需要确立在各级政府，并且将社区儿童保护体系建设纳入政府考核中。把社区儿童保护体系建设作为推进两纲目标的重要举措来抓，采取层层签订目标责任书、纳入各级政府目标管理的办法，加强考核，强力推进。此外，争取将社区儿童保护体系建设纳入政府民生工程，纳入社会管理专项规划，采取项目推进的办法，同步规划、逐年推进、逐步完善。只有通过完善的组织架构来推进和运行社区儿童保护体系，体系建设才会成为可能。

最后，社区儿童保护体系最终落脚点在社区，社区也是各类资源的集聚地。因此，儿童之家的建设就显得尤为重要，这也是社区保护体系的场地保障。国务院颁布的《中国儿童发展纲要（2011—2020年）》提出了"90%以上的城乡社区建立1所为儿童及其家庭提供游戏、娱乐、教育、卫生、社会心理支持和转介等服务的儿童之家"的目标，并制定了相应的策略。目前已有多个省份将儿童之家纳入儿童纲要规划的目标，并制定了规划方案来推动家园的建设与发展。国务院妇儿工委办和联合国儿童基金会（以下简称"联合国儿基会"）已经在北京、河北、江苏、江西、安徽、浙江、福建等省（市）的项目地区又建立了28所儿童友好家园。四川省政府于2011年出台了《关于儿童友好家园可持续发展的实施意见》，地方政府支持接管了36所儿童友好家园，四川儿童友好家园已经由为儿童提供安全场所、提供教育娱乐服务、恢复正常生活为主要功能的震后模式，逐步发展为集开展主题活动和技能培训、关注特殊困境儿童、与社区紧密合作等为一体的社区儿童保护新模式，成为根植社区、拓展社区儿童服务功能、为社区所有儿童提供保护和服务的有效载体，实现了家园的可持续发展。青海玉树地方政府也正在积极探索儿童友好家园可持续发展的有效途径。安徽省政府从2010年开始每年投入30万元，在10个示范区（县）建立儿童友好家园，目前已建立了20所儿童友好家园。山东省从2011年开始，每年投入630万元建设妇女儿童家园，在9个市42个县区的52个社区建立了首批52所妇女儿童家园，为每个妇女儿童家园提供10万元～16万元的资金支持，对家园的场地、工作人员、工作经费提出了明确要求。江苏省从2009年开始推广儿童友好家园的理念和工作模式，在全省建立了1000所妇女儿童之家。2012年将提高妇女儿童之家的建设水平纳入江苏省政府工作报告，省财政支持经费1000万元，将这1000所妇女儿童之家建设成为省级示范点。湖北、甘肃等省也建设了面向儿童的服务机构。由此看来，儿童之家已经成为社区儿童保护体系建设的重要据点，在儿童保护和服务中发挥着重要作用。

社区儿童之家以社区为依托，动员社区资源来建立保护儿童权利的工作机制和综合服务体系，所有儿童享有安全、友爱、快乐的社区生活是儿童保护的重要课题。儿童之家根植于社区，服务于社区，是社区儿童保护体系的重要组成部分，在社区儿童保护与服务体系中承担着重要的职能，发挥着重要作用。儿童之家是社区儿童服务的重要平台和枢纽。一方面，社区可以利用儿童之家这个平台将社区工作传递延伸到基层，通过组织各种联谊、沟通和聚会活动，增强社区的凝聚力；另一方面，社区可以动员有关部门、机构和社区成员关心儿童之家的建设和管理，为儿童之家提供支持和帮助。因此，我们要充分发挥儿童之家的作用，并将儿童之家的建设和社区儿童保护与服务体系的建立有机结合起来，通过儿童之家争取政府和部门支持，通过儿童之家凝聚社会力量，通过儿童之家提升儿童保护的专业化和社会化水平，通过儿童之家为建立社区儿童保护体系奠定基础。

一个体系的运行离不开稳定的经费保障。从儿童之家的建设中我们可以看出，政府给予了重要的财政支持，儿童之家才得以运行，社区儿童保护体系的运行更是如此，需要大量的资金保障。以儿童之家的建设经验为借鉴，社区儿童保护体系的构建以政府资金投入为前提和先决条件，随着体系构建的完善，其功能成熟，可以逐步和儿童公益机构等多方面的社会力量合作，拓宽资金来源渠道，如发行社会福利彩票、举办慈善募捐等，形成政府和社会的大联动，全方位保障儿童福利资金。

人是社区儿童保护体系的真正执行者，所以人力的保障直接决定了体系运行的质量和成效。社区儿童之家在人员方面是有要求的，大部分家园保证了1名至2名工作人员，在人员配备较少的地方，通过招募志愿者、发挥家长委员会骨干作用等方法，工作人员方面得到了较好补充。一些地方通过使用公益岗位安排家园工作人员，较好地稳定了人员队伍。随着社区的不断发展，儿童之家在社区中的地位越来越重要，并且儿童在物质需求得到满足的同时，其精神和心理需求的满足更加迫切，原来儿童之家的1名至2名工作人员已经不足以保证儿童之家的运行。因此，在社区儿童之家改建、扩建的同时，工作人员的数量也需要增加。在此过程中，对工作人员的筛选和培训是必要的，工作人员的质量只会越来越重要。要保证儿童保护朝着专业化的方向发展，就必须建立儿童保护社会工作者的介入机制。社会工作秉持“利他主义”，通过运用专业的方法和技术，帮助特定的群体实现“助人自助”。在儿童保护工作当中引入专业的社会工作：一方面，可以采取更灵活机动的方式方法，提供更有效、更具针对性的儿童服务，满足儿童群体的特定需求；另一方面，社会工作者可以运用专业的技术和方法，从社会工作理论上探索儿童视角，并从儿童的角度出发探索满足其物质和精神世界需求的方式方法，建立符合儿童需要的社会工作服务体系。因此，只有政府在儿童工作投入的资金中注重保障相关工作人员的生活，才能留住社区儿童之家的骨干队伍。除了社区儿童之家的在岗工作人员，社区儿童保护体系还需要社区志愿者队伍作为社区儿童保护工作者的有力补充，尤其鼓励建立本土的长期的社区志愿者队伍，积极配合和参与社区儿童保护工作。而在社区儿童保护体系的运行过程中，技术支持是必不可少的。建立完备的专家团队，从国家级、省级、市级、县级以及社区本土各个领域组建专家队伍，尤以高校专家为主，为社区儿童之家和社区儿童保护体系的运行搭建智库平台，提供技术支持与服务。各专家团队针对各级妇女儿童工作委员会办公室（以下简称“妇儿工委办”）和家园工作人员，开展多层次的业务培训、现场专业指导、督导与评估，各级妇儿工委办也对家园开展行政督导。通过培训与督导，提高家园工作人员的业务能力，提高家园的管理水平和服务质量，进行社区儿童保护体系运行质量的把关和监测。

最后，社区儿童保护体系仍然需要民间社会资源的集中投入，积极引入社会组织、慈善基金会等民间社会资源参与到儿童保护服务中。除了社区儿童之家为社区儿童提供常规性的服务之外，这些民间组织依然可以依托社区，为社区儿童保护和儿童福利服务提供有效的补充，与社区儿童之家共同支撑社区儿童保护体系的运行。

第四章

延伸：减灾备灾中社区儿童保护能力建设

第一节　资源整合：社区能力建设

在知识经济时代，社会发展的主要推动力量是人的能力，我国现代化建设的水平在很大程度上也受国民素质和国民受教育水平的影响，知识的进步对经济发展的促进作用已经超越单纯的体力劳动。1992 年，联合国《21 世纪议程》使用了“能力建设”一词，2000 年江泽民同志在 APEC（亚洲太平洋经济合作组织）第八次领导人非正式会议上明确提出要重视“能力建设”，并强调人力资源能力开发和培育的重要性，能力建设很快被应用到各个领域，作为增强组织、机构、行业、群体甚至个人在某一方面本领所开展的活动的总称。[①] 因此，加强能力建设是与时俱进的必然要求，这是时代的要求，也是历史的必然。同时，能力建设对整个社会提出了新的挑战，它要求每个个体都追求能力意识的塑造，不断发掘自身潜力，提高自身素质，促进社会的繁荣进步。

近年来，能力建设已经成为一个研究热点，有的学者认为能力建设需要主动的人力资源开发和利用，有的学者认为需要从人的全面发展角度认识能

---

① 张序，劳承玉. 公共服务能力建设：一个研究框架 [J]. 理论与改革，2013（2）：25-29.

力建设问题，有的学者则明确提出“能力本位”① 理念。

韩庆祥等认为，能力建设就是指通过制度创新、体制创新、机制创新、组织创新和管理创新，塑造“能力人”，营造“能力社会”，而且在社会发展战略上，注重发掘潜能、发挥能力、发展能力、发现能力、使用能力、完善能力和培育能力。他们强调确立“能力本位”核心理念的重要性，并揭示了能力建设的实质——“对能力人培育和对人的能力充分正确发挥所赖以进行的社会条件的创造”②。这是一种新型的人的建设观和社会发展观。2003 年，韩庆祥等人又将能力建设的实质提炼为“对能力人的培育和对人的能力充分正确发挥所赖以进行的条件体系的创造”③。

雷鸣提出，能力建设就是指各级各类主体为了开发人的潜能，进而促进社会和人的全面发展而展开的能力教育、培养、配置、使用、管理和激励的活动过程，以及作为主体的人再次作用下树立能力价值观，养成能力型人格，增强能力素质，不断提高和完善自己能力的过程。④ 同时，雷鸣指出能力建设的主要内容有“个体的自我生存和发展能力建设、为人的能力建设而开展活动的组织机构的适应变化的能力建设、为个人或组织提供发展的环境建设”⑤。韩庆祥对能力建设提出了一个总概括性的定义：“能力建设就是主体通过各种行之有效的方式与手段，把人口资源转化为人力资源再进一步转化为人才资源从而形成能力人和人力资本的一系列能动活动过程。”⑥

郭志伟认为，能力建设的本质是知识经济和中国社会主义现代化建设对人的全面发展的内在要求。郭志伟透彻分析了能力建设的必要性，并指出“人的发展是一切发展的核心内容和最终归宿”⑦。

杨世文（2006）指出，能力建设的目的不仅仅是为完成具体任务而进行的技能训练，更重要的是要使人最终形成全面的能力体系，并使一切人的潜

① 郭志伟. 人的能力建设问题研究 [D]. 长春：东北师范大学，2005.

② 韩庆祥，戚鲁. “能力建设”：一项迎接时代挑战的宏伟工程 [J]. 教学与研究，2002 (3)：37-41.

③ 韩庆祥，雷鸣. 能力建设：应当重视的一个新的时代性课题 [J]. 天津行政学院学报，2003 (3)：12-19.

④ 雷鸣. 能力建设论 [D]. 北京：中共中央党校，2005.

⑤ 雷鸣. 能力建设论 [D]. 北京：中共中央党校，2005.

⑥ 韩庆祥，雷鸣. 能力建设与当代中国发展 [J]. 中国社会科学，2005 (1)：22-33.

⑦ 郭志伟. 人的能力建设问题研究 [D]. 长春：东北师范大学，2005.

能均得到全面而充分的发展。

2007年，雷鸣阐述了能力建设的一般规律是“能力建设要符合人的潜能发展特点，能力建设要遵循人性内在要求和发展方向、个体能力建设与集体能力建设相结合”，并对能力建设的概念进行了丰富和发展：“能力建设就是各类主体（国家、社会、组织等）通过教育、培训、使用以及管理等途径，开发人的潜能，培育人的创新能力，合理配置人力资源，引导人们树立能力价值观，养成能力型人格，提高认识和改造自然与社会的个体和群体效能，进而提升人力资源整体能力，促进社会和人的全面发展的系列活动。”①

张序等人提出，能力建设是指对能力的挖掘、培养、提升、完善和发挥方面的活动②，并将其与公共服务相结合，提出公共服务能力建设，这表明能力建设的普遍应用。

在对相关文献的梳理过程中，笔者发现大部分关于能力建设的文献都已经与具体领域相结合，如社会工作领域、管理学领域、政治领域等，并提出了特定领域内关于能力建设的独特解读，但能力建设的学理解释需要的是综合性、普适性的概念阐述，而知网上收录的这类文献并不多，这类文献集中在某几位专家学者的研究中，他们关于能力建设已经有了普遍接受的定义，但这一定义仍随着时代发展在不断修正和发展。值得一提的是，无论是从综合视角还是从不同学科视角，“能力建设”这一概念都是应知识经济时代而生的，因为知识经济是建立在知识、智力和人的创新能力上的，凸显了人的能动性的作用，并对人的能力提出了更高的要求，需要通过系统化的行动全面提高个人能力。

同时，能力建设不仅对个人有促进作用，还对社会具有重大意义。对个人能力的发展和建设是中国传统文化的重要理念，“能力建设”的提出就是在现代化经济基础之上，对传统文化的继承和发展。另外，能力建设有助于推进中国社会主义现代化建设，有助于中国更好地屹立于世界民族之林。

在现代社会，随着我国城镇化的不断加速，社区已经成为社会管理的基

---

① 雷鸣．论能力建设的一般规律［J］．新视野，2007（2）：76-79.

② 张序，劳承玉．公共服务能力建设：一个研究框架［J］．理论与改革，2013（2）：25-29.

本单元和末梢神经。[1] 社区不仅是人们生活的基本场所，也是社会支持网络的所在地，集结了大量的人力、物力和财力资源，在现代减灾备灾的工作中发挥着前沿作用。通过建立减灾备灾中的社区儿童保护体系，实现以社区为平台而进行有效的减灾备灾的探索，从“以社区为导向”到“以社区为本”，通过整合社区资源，开展减灾备灾工作，从而实现社区的可持续发展。[2] 这个过程不仅有助于提高社区复原力，还有助于提升社区的组织和治理能力，顺应了现代社会社区创新治理的先进潮流之势，并对社区的创新治理做出探索和尝试。社区是人们除家庭以外的主要活动场所，不管是农村还是城市，社区都是灾害的重灾区。但是不可忽略的是，社区也是人和各种资源的集聚地。因此，从社区基层开始做好减灾备灾工作，发挥社区居民的能动性，整合社区资源，能够在社区层面形成灾害预警和应急机制，从而建立社区的减灾备灾体系，为全国的减灾备灾做出重要的探索。

社区的能力建设主要是指基础设施建设、制度建设、社区应急预案、相关组织建设、社区信息资源整合、应急物资的储备以及社区一体化的重建。社区的基础设施建设是减灾备灾有效性的硬件保障，基础设施直接影响到了社区居民的生命保障和灾后复原。建立社区灾害避难场所、设立防灾减灾标识以及建立防灾减灾宣传场地等，这些是社区中不可缺少的基础设施。国家减灾委员会办公室《关于印发全国综合减灾示范社区标准的通知（国减办发〔2013〕2号）》中也明确提到，通过新建、加固或确认等方式，建立社区灾害应急避难场所、配备一定的消防救生器材、设置固定的防灾减灾宣传栏或橱窗、设置灾害预警广播系统、储备必要的应急物资等，都是综合减灾示范社区的标准，其中，需特别考虑儿童的视角，依据儿童的视角建设减灾备灾的基础设施。社区应急预案中要有以儿童优先的应急预案，并且让儿童作为主体参与社区应急预案的制定，结合当地社区和儿童的实际情况制定有针对性、可操作性的应急预案，在灾害应急演练的过程中帮助儿童熟知应急预案。社区应挖掘和整合人力资源，成立灾害应急管理组织，例如，社区综合减灾工作领导小组负责综合减灾示范社区的创建、运行、评估和改进等工

① 俞育．减灾型社区应急能力建设研究［D］．兰州：兰州大学，2013.

② 吴越菲，文军．从社区导向到社区为本：重构灾害社会工作服务模式［J］．华东师范大学学报（哲学社会科学版），2016，48（6）：101-110.

作，与其配套的还有灾害巡查队、转移安置队、物资保障队和医疗救助队等应急工作队，同时，要成立专门负责儿童的灾害应急管理组织来协助管理。应制定社区综合减灾规章制度，建立社区综合减灾工作机制，规范开展风险评估、隐患排查、灾害预警、预案编制、应急演练、灾情报送、宣传教育、人员培训、档案管理、绩效评估等工作。在减灾备灾当灾害发生时，社区的正常运营会被破坏，影响社区信息的畅通。因此，在灾害发生前，就要确保社区信息和资源的整合，保持信息畅通，积极调动资源。在灾害发生时，要及时通知、引导居民应急逃生，灾害发生后，受灾人口的数量、社区财产损失的统计都必须依靠社区的信息和资源。社区应建立社区儿童的信息系统，以便在突发事件中发挥重要作用。应急物资的储备也是社区备灾中重要的保障，社区中不仅要储备成人适用的应急物资，还要储备满足儿童需求的应急物资，而这就是儿童优先的重要体现。灾害发生后的社区重建和复原是一项艰巨的任务。社区的重建不仅是基础设施的重建，也是社区结构、社区互动和社区网络的复原。因此，社区一体化的重建需要社区工作人员、社区居民的共同参与。只有在大家的共同努力下，社区才可能恢复往日的活力，并且具备抵御灾害风险的抗逆力和复原力。

第二节　智力行动：社区工作者能力建设

当前，随着我国城市化和改革的不断推进，社区正发生着日新月异的变化，与此同时，社区在社会建设和治理中的地位也显得愈发重要。打造一支完备的、高水平的社区工作者队伍，是减灾备灾中社区儿童保护的重要保障。那么，社区工作者到底是指哪些人呢？关于这一点，目前国内和国际还未达成一致的认识。就国际背景而言，发达国家的社区的社会工作发展水平高，社会工作者成为社区工作中的充分参与人员，因此，国际上对社区工作者的界定是“在社区工作的社会工作者”，并且这些社会工作者还必须受雇于政府组织或其他 NGO（非政府组织）和 NPO（非营利组织），在专业价值观的指导下，运用专业的社区社会工作方法，挖掘和整合社区资源，解决社区的问题，促进社区的发展进步。徐永祥教授在《社区工作》这一教材中专门对社区工作者做出了解释，社区工作者必须满足以下条件：①具有社会工作执业执照；②具有社会工作的专业教育背景；③受社会工作专业伦理约束；④是社会工作专业组织的成员；⑤以社会工作为一种职业生涯。[①] 这种社区工作者是专业化和职业化的统一。在“社区工作者”的界定上，国内学者的研究其实经历了从总括到具体、从非国际化到本土化的变化。

学者于雷等人在其著作中提到，社区工作者是“以社区及居民群体为服务对象的社会工作专业人员”，即“以社区工作为主要方法的社会工作人员”[②]。我们不难看出，虽然这些界定已经渗透了社会工作的专业因素，也承接了国际上的界定，但若按这种总括的方式，我国的社区工作者少之又少，这非常不利于社区工作者队伍的建设，也未能将社区的资源整合起来，共同促进社区发展。任何外来理论和概念的运用，都必须历经本土化的过程。因此，又有学者提出可以从两个层面来界定：总的来讲，社区工作者是指所有从事社区建设和服务的人员，包括专职和兼职两种；具体而言，社区工作者特指社区居委会工作人员。刘俊清从更加具体的角度切入，认为社区工作者指所有从事社区建设和服务的人员，包括社区党组织工作人员、社区居民自治组织成员、职业的社区工作者、社区志愿者以及高校和科研院所的社区理论工作者。[③] 这一概念的界定，涵盖了社区中多种人力资源，也不断明确了具体的人群，这与我国社区工作的实践探索相关。

在中国目前的背景下，“社区工作者”不是专业性的社会工作者，而是指“经法定程序产生、在居委会或村委会工作的专职工作人员”[④]。又有学者从广义和狭义上对社区工作者做出不同的解释。狭义的社区工作者即前文提到的国际上对社区工作者的界定，就是社区社会工作者。广义的社区工作者除了包括专业的社会工作者，还包括：社区的专职工作者，如社区活动中心、社区敬老院、社区图书室等的工作人员；社区居委会工作者，专职和兼职的均包括在内；社区志愿者队伍，包括不同类别的志愿者队伍。

---

① 徐永祥．社区工作［M］．北京：高等教育出版社，2004．

② 于雷，史铁尔．社区建设理论与实务［M］．北京：中国轻工业出版社，2006：165．

③ 刘俊清．从职业身份看社区工作者队伍建设［J］．云南民族大学学报（哲学社会科学版），2006，23（6）：30-33．

④ 唐斌尧．城市社区工作者队伍建设的现状与发展趋势［J］．南通大学学报（社会科学版），2013（5）：84-90．

以本土的实际情况而言，我国社会工作的发展水平还较低，因此，本书将社区工作者界定为：包括专业的、职业的社区社会工作者和非专业的社区党组织工作人员，社区居民自治组织成员，社区志愿者，非职业的高校和科研院所的社区理论与实践工作者。

既然社区工作者有不同层次的区别，那么减灾备灾中的社区工作者的能力建设也要分层次、有针对性地开展。

首先，减灾备灾和儿童保护是社区工作者重要的工作任务。组建社区工作者队伍是有必要的，但前提是在队伍中确立领导小组。在社区中，领导小组一般由社区党组织工作人员担任，社区党组织成员必须提高自身的领导力和协调管理能力，在减灾备灾过程中的社区儿童保护工作中高瞻远瞩，确立目标，划分工作职责，依托社区儿童保护体系，协调部署，组建并管理好社区工作者队伍。同时，领导小组还必须具备挖掘、整合和利用社区资源的能力，只有这样才能在减灾备灾的儿童保护工作中让社区和社区工作者发挥出最大价值。社区工作者队伍的能力建设和提升在一定程度上也是由领导小组组织进行的，其核心作用可见一斑。

制度建设是领导小组能力建设中重要的一部分。领导小组是社区工作者队伍管理制度的制定者和实施者，这是社区工作者走向职业化的必要手段。制定社区工作者的资格认证制度，是改变当前社区工作者社会认可度现状的重要方法。社区领导小组应制定相应的社区工作者的上岗标准，要统一认证标准，未达到上岗标准的可进行集中培训。同时，要建立起科学合理的选拔任用制度。社会工作者是通过相关社会工作理论的系统学习以及一定的实践培养，可以理解并认同社会工作服务理念，掌握一定的社会工作服务技术和技巧，独立实现社会公共服务的专业人才。社区引入社会工作者，是社区工作的创新，是激发社会动力的重要方法。目前，由于对社会工作的理解不足、理解偏差等问题，部分社区在引入社会工作者时存在诸多不合理之处，例如，社区干部兼任社区工作者、未经培训的社会人士充当社会工作者。此外，由于人才和人力资源配备不到位，社区社会工作提供的服务水平参差不齐。因此，公平、公开、合理的选拔任用制度是当前解决社区工作者专业化问题的相当重要的一个环节。严格建立“择优进入社区”的工作制度，可以通过包括但不限于笔试、面试等方式方法竞选真正的、优秀的社会工作者到社区参与服务，并对符合条件上岗的工作人员给予标准的工资福利待遇，以解决目前大多数社区工作人员以“公益岗位”工作的尴尬局面，使其“劳有所得”。另外，要建立社区工作者队伍的管理和激励制度。社区工作之所以要“引入”社会工作者，从某种角度就是去社区工作的“行政化”。社区作为居民自治组织，应当以服务为宗旨。然而，由于社区资金来源于政府拨款，工作内容是政府落地社区的行政工作，长此以往社区工作行政化，人们逐渐默认既成事实。为了提升社区服务质量，要引入社区工作者来增加社会工作活力。在培育和发展社区工作者队伍时，应当以科学规范的管理制度作为发展骨架。根据社区工作的性质、工作的重要性和工作量来规定任职资格、待遇标准、晋升制度、应聘和解聘制度等，通过完善制度调动工作者的积极性，培育优秀的社会工作者队伍。

其次，社区工作者队伍的成员——社区居民自治组织的组织协调和资源整合方面的能力在减灾备灾和儿童保护中也具有重要的作用。居民自治组织是社区居民开展自我管理、自我教育、自我服务、自我监督的法定组织。目前，我国的社区自治组织普遍设置一个会议——社区成员（代表）会议与两个机构——社区居民委员会和社区议事监督委员会，它们在开展居民自治、整合社区资源方面发挥着重要的作用，是衔接政府和群众的重要组织枢纽。一般而言，社区居民自治组织从社区中来，到社区中去，具有广泛的群众基础和实践经验。减灾备灾中的社区儿童保护需要广泛的群众基础，需要广大社区居民达成共识，在减灾备灾的过程中以儿童优先，重视儿童的声音，而这样理念的传播就需要依靠社区居民自治组织。社区居民自治组织必须发挥自己的组织协调作用，将社区居民团结起来，共同学习减灾备灾的知识和技能，以及在减灾备灾过程中如何优先保护儿童。同样，社区居民自治组织掌握诸多社区资源，社区居民自治组织作为拥有资源的重要载体，只有具备挖掘社区资源和整合现有资源的能力，才能为减灾备灾和儿童保护工作提供良好的保障。

我国的志愿服务事业历经了从社区到社会、从自发到自觉、从区域到全国、从个人到全民的发展历程。[①] 随着人们的志愿服务的意识普遍增强，社区志愿者队伍不断壮大，成为社区建设甚至是社会发展中不可或缺的力量，

---

① 黄波．关于社区志愿者队伍建设的若干问题［J］．沈阳大学学报（社会科学版），2013，15（6）：761-763．

在多年的实践中，相关制度也越来越健全。有关调查显示，近年来我国的社区志愿者组织数量已经超过 43 万，而志愿者注册人数已经达到 2600 万人，参加社区服务活动的人数达 3000 多万人次。[①] 就数量而言，社区志愿者队伍的发展形势非常乐观，但社区志愿者队伍的建设中目前存在较大的问题：①社区志愿者队伍的资格认证制度还未建立；②志愿者队伍的结构还有待优化；③志愿者的服务水平还有待提高。因此，只有社区志愿者队伍加强能力建设，中国本土的志愿者队伍才能走上新的发展道路，服务于社区建设和社会发展。在减灾备灾过程中，社区志愿者队伍亦能发挥不可替代的作用，他们虽不像专业社会工作者那样有专业的教育背景和理论知识，但具有灵活性、机动性的特色。

减灾备灾中的社区儿童保护是一项需要耗费大量人力、物力、财力的工程，所以社区志愿者队伍要加强制度建设。任何一个队伍的管理都有自己的制度，社区志愿者也不例外。要对社区志愿者进行资格认证，对志愿者成员进行筛选和培训，这有利于增强志愿者的归属感，明确自身的定位，提高社区成员对志愿者的认同度。社区志愿者队伍要成立减灾备灾中的儿童保护工作队伍，并对成员进行筛选，给予资格认证。另外，社区志愿者队伍一般比较庞大，水平参差不齐，各有特长，所以需要提高社区志愿者队伍的管理能力，社区志愿者需要按照志愿服务水平和特长划分小组来进行管理，同时小组内部和小组之间也要各学所长，各补其短，不断提高社区志愿者队伍的服务水平。减灾备灾中的社区儿童保护工作涉及多个方面，包括隐患排查小组、灾害巡查小组、儿童转移安置小组、儿童物资保障小组和儿童医疗救助小组等，社区志愿者在减灾备灾过程中要积极配合社区灾害应急管理组织，发挥其积极性和能动性，为社区儿童提供全面的保护。

非职业的高校和科研院所的社区理论和实践工作者是减灾备灾中社区儿童保护的智力支持。不可否认，社区中的减灾备灾和儿童保护都是专业性较强的工作，对于社区工作者而言，他们需要掌握与灾害有关的知识和应对方法，还要掌握儿童的生理和心理特征，这对非相关专业教育背景出身的社区工作者而言，无疑是具有挑战性的。而高校和科研院所的相关专家虽不常年

---

① 袁媛，谭建光. 中国志愿服务：从社区到社会［M］. 北京：人民出版社，2011：86.

驻守社区，但对灾害、儿童保护和社区建设都进行了多年的潜心研究，掌握了大量的专业知识、相关数据和实践范例，在减灾备灾中的社区儿童保护工作中充当着智库的作用，为社区工作者提供技术支持。但这些高校和科研院所的相关专家作为社区工作者队伍中的一部分，仍然需要不断提高自己的科研能力和水平，结合专业理论和社区实践，在前人研究的基础上，做出创新性的研究，推陈出新，为减灾备灾中的社区儿童保护提供更多、更专业的指导。

社区工作者的能力建设除了前面提到的各个部分特有的能力建设，还有共同性的能力建设。其能力建设主要体现在对不同灾害的识别、灾害应急管理、自救与救助能力、儿童减灾备灾宣传能力以及灾后重建能力的建设上。社区工作者是从事儿童保护和减灾备灾的重要工作者，自身首先要学会识别不同灾害及其风险，参与减灾备灾工作，了解这些基础的知识。只有在这种前提之下，社区工作者才能有效地指导和开展社区内的减灾备灾和儿童保护工作。

社区工作者要有针对性地、创造性地开展减灾备灾中的儿童保护工作，儿童与成人视角的不同不再赘述，尤其是对于社区儿童之家的工作人员，他们是为社区儿童提供服务的，他们要针对儿童的特征，根据儿童的需要设计减灾备灾活动，让儿童在活动中学会并掌握灾害应急知识。

灾害具有突发性，人们在短时间内必须有正确合理的应对，因此，社区工作者要提高灾害应急管理能力，在灾害发生时立即采取行动，按照社区的灾害应急预案进行组织和疏散，为社区居民争取逃生时间。社区工作者要号召成人帮助儿童进行优先疏散，并对社区儿童优先进行应急管理。灾害发生后的首要工作就是救援，因此，社区工作者应掌握相应的自救与救助能力，在保证自身生命安全的前提之下参与到系统的救援工作中来，在救助过程中，要特别注意儿童的心理特征，及时安抚儿童，避免给儿童造成创伤。减灾备灾和儿童保护不能只依靠社区工作者的努力，更需要居民以及社会公众的参与，因此，社区工作者对儿童的减灾备灾要大力宣传、创新宣传，提高整个社区乃至社会的减灾备灾和儿童保护意识，让更多的人参与进来。除了灾前的宣传培训、灾中的救援，社区工作者在恢复重建中也起到了至关重要的作用。灾后的重建不仅是基础设施和房屋的重建，也是社区结构和社区互动的重建，还是个体正常生活和心理的复原。因此，社区工作者在恢复重建中可以通过参与重建项目帮助受灾者走出灾难阴影，增强其抗逆力和复原力。对于儿童这个群体，社区工作者可以帮助专业的社会工作者进行专业性的服务，以达到让儿童从灾难创伤中走出来、正常生活、健康成长的目的。

第三节 坚持儿童优先：儿童能力建设

儿童能力建设包括儿童应对灾害、儿童自救以及儿童心理复原能力建设，但儿童的能力建设都需要以上的多部门、多主体以及社会公众帮助儿童进行，最重要的是要培养儿童的主动性和参与性，让儿童作为主体而不是客体，参与到减灾备灾中的儿童社区保护体系建设中来。

儿童期是人的一生中比较特别的一个时期，在这一时期内，个人的生理、心理方面都经历快速的发展，其中既有量变又有质变。在身体机能和社会认知能力高速发展的同时，儿童还面临着大量不安定因素，这些普遍存在的来自自然、社会的干扰因素容易使儿童在成长过程中受到伤害或产生行为偏差，因此，人们在注重排除外界不安因素、营造儿童健康成长的环境的同时，关注儿童自身能力建设也十分有必要。只有将防灾减灾意识与行为内化到儿童自身，才能更好地推进儿童保护体系的建设，从而有利于我国儿童保护工作的开展。

由于儿童群体的特殊性，儿童能力建设的过程与工作者的专业引导密不可分，这就向社会工作者提出了较高的要求。最重要的是，社会工作者应该树立正确的观念和具备一定的儿童工作理论，主要包括：什么是儿童，儿童有哪些特殊需求，儿童是否具备防灾减灾的能力，在与儿童交往的过程中应特别注意什么等一系列需要厘清的问题。工作者的儿童观决定了其开展儿童工作的态度和形式，因此，在儿童能力建设中，社会工作者首先要认识到儿童处在生理初步成熟、能够进行完整的逻辑思维、拥有一定责任感的阶段，社会性动机随着年龄的增长而逐渐加强，这是一个由幼稚到成熟的过渡期，所以我们不能采取完全被动灌输的教育方式，也不能过于放任自流。

减灾备灾视角下的儿童能力建设需要激发儿童的潜能，促进儿童在参与社会事务的过程中逐渐培养社会责任感和个人的成就感，这不是一蹴而就的，而是日积月累、潜移默化的过程，主要包括以下几个方面。

首先，重视儿童身体素质建设，鼓励儿童尽早实现基本生活自理。目前我国家庭结构以主干家庭和核心家庭为主，并受经济发展水平和“独生子女”政策的影响，在家庭中形成两个以上的大人围绕一个儿童的形式，父母和祖辈在儿童的衣食住行各方面均倾注心血，在保护照顾儿童的同时，也使得儿童在潜移默化中形成依赖心理和“衣来伸手饭来张口”的性格。在这个过程中，儿童是家庭教育的被动对象，所接受的知识和发展的能力与家庭教育形式和氛围密切相关。因此，从儿童发展权的角度，儿童有权接受独立生活的教育，更需要在儿童成长的过程中形成独立的习惯。只有在家庭教育中养成基本生活自理，具有独立处事能力的儿童，才能具备应对灾害的基本能力。

其次，重视儿童的心智发展，增强抗压能力。在互联网时代，社会信息极容易获取，儿童受影视等各方面的影响，对于世界的认知逐渐提早，但是对于社会现象背后复杂的原因，儿童未能具有独立分析、辨别是非的能力。因此，不论是从儿童保护的角度还是从儿童成长的角度，重视培养成熟的心智对儿童来说非常重要。从思想层面随时做好应对生活困难、自然灾害的准备，形成应急反应和基本的应急办法。在培养抗压的能力过程中，一方面要给予知识的讲解和引导，另一方面要塑造儿童的积极、正能量的心理，这种培养将在儿童遇到真实困难时发挥巨大的作用。

再次，重视儿童的社会化过程，关注儿童的内心世界。儿童成长的过程就是逐渐走出原生家庭、经历社会生活的过程，也就是逐步社会化的过程。每个人在社会化过程中都会面临很多不利因素，导致社会化中断或失败，所以儿童的社会适应能力、建立亲密关系的能力非常重要，这关系到儿童是否会出现社会适应不良等情况。此外，在减灾备灾视角下重视儿童社会化质量，关系到灾区儿童受灾后如何重建自己的内心世界、如何融入新的生活等方面，对儿童的身心发展具有至关重要的作用。

最后，重视防灾备灾知识的渗透，明确儿童的重要地位。在自然灾害面前，成年人与儿童所处的环境是一样的，也意味着儿童要面对同等的自然灾害，如此便不能因儿童的身份而弱化、减少、低估儿童应当具备应急灾害的能力和方法。相反，要更重视儿童成长过程中对预防灾害、减少灾害伤害的知识积累和能力培养。现实中已有个案说明儿童具备应灾能力，在印度洋海啸来临之前，一个女孩根据所学的地理知识成功地预判海啸的来临，并在父母的协助下疏散游客。这个个案一方面充分展示出儿童具备应急灾害的能力，另一方面体现了女孩父母对于孩子运用知识判断自然灾害的信任，父母并没有因她是个未成年人而盲目否认女孩的判断。这个个案也带给我们诸多启示和思考，在依然以应试教育为主流背景的环境中，如何更有效地贯彻预防自然灾害的知识教育，提升儿童应对自然灾害危害的能力，增强自救和他救的概率，是值得教育界认真思考的问题。

我国防灾备灾体制是由政府主导的，而这种模式的短板之处主要是与群众联系不够密切，我国现阶段开展的很多宣传防灾备灾知识的讲座、课堂、活动都将儿童视为被动接受的对象，无法发挥积极作用。要切实加强儿童能力建设，应该要注重日常生活中对儿童能力的培养，推进儿童能力建设工作进校园，关注儿童的特殊需求。学校是目前的主流学习环境，也是大多数儿童活动时间最长、学习时间最集中的场所，而教育也是儿童防灾备灾工作的重要一环，在学校开展能力建设活动是绝佳的选择。但是在学校中开展的很多活动都在儿童心中打上了“教学活动”的烙印，尤其是包含知识渗透的活动更容易引起儿童的抵触。因此，在学校进行儿童能力建设的相关活动时，应该注意到儿童的特殊性，在传授方式上要多元化、趣味性，比如趣味竞答、手绘、自制手抄报等，符合儿童特征和需求的方式。

同时，儿童能力建设涉及家庭、社区、国家等各个层面，需要动员各种可利用的资源。在培养儿童能力时不能孤立地看待儿童，还需要将目光转向他们所身处的环境中，充分挖掘一切有利于儿童能力发展的有利因素和可用资源，将儿童与周围的资源连接起来，帮助儿童发挥自己的各种优点和潜能。

以上所述是针对所有儿童的能力建设，而有一些特殊儿童仍需要特别的关注。对于我国的特殊儿童群体，有一类特殊政策是让轻度残疾儿童进入正常的学校随班就读，这一举措受到很多学者的支持，并在实践中取得不错的成效。但随班就读也给某些特殊儿童带来很多困扰，如在日常交往中与学生同伴的关系不良，在集体生活中被排斥，在学校的教学方案中没有考虑到特殊儿童的特殊需求等。在学校每年组织安全逃生演习活动中，特殊儿童无法向其他儿童一样独立完成，以至于在心理上陷入更大的困境。

因此，在特殊儿童的能力建设中，要特别关注他们的心理世界。特殊儿童因肢体上的障碍或差异而受到周围群体的排斥或不接纳，基本的公平和儿童权益不能得到保障，所以对于这类儿童，心理抗压能力建设是一切能力建设的基石。对于孤儿、弃儿这类缺乏亲密关系的困难儿童，要先治愈他们的心理创伤，重塑儿童爱与被爱的能力，提供一个安全的“类家庭”环境，在此基础之上，应该着重培养他们的应对各种困境的能力。而对于残疾儿童，要做到康复和治疗相结合，通过复健和治疗，恢复他们基本生活的能力，并尽可能地培养他们一技之长，使他们看到自己的价值，增加对自己和对他人的信心，以便更好地融入社会生活，成为对社会有用的人。

针对特殊儿童的能力建设，笔者提出以下三点建议：第一，主要建设一支专业的特殊儿童工作队伍，包括老师、社会工作者、社区成员、家长等群体，对他们进行心理教育和社会工作知识的培训，使特殊儿童能得到合理的治疗方式和增能方式，帮助特殊儿童看到自己的价值，发现自己在防灾备灾方面力所能及的工作，逐步提升自身能力。第二，引导特殊儿童适应社会，建立心理自我调节系统。很多学者都指出，特殊儿童在某一方面的障碍会激发另外某些方面的潜能，特殊儿童本身有极大的潜力，并不是一无所能，他们的行为障碍（非肢体残疾）很大程度上是心理障碍所致。特殊儿童工作者应该引导儿童以乐观积极的心态看待生活，使他们保持良好的心理状态，在面对挫折和不顺时能够自我调节，并且正视自身的缺陷，明白缺陷只是“换了一种活法”，自己仍然是被很多人爱护的，不要觉得羞耻。第三，呼吁社会各界用爱心、耐心、平常心看待特殊儿童，避免给特殊儿童贴上“问题化”的标签。

我国现阶段的很多儿童保护工作都将儿童视为弱势群体、受助群体，使儿童工作看起来困难重重，这种看法不利于与儿童建立良性互动。在这种观念的作用下，儿童也会自然而然地将自己置于被动地位，因自我价值被否定而失去对减灾备灾能力学习的热情。因此，在儿童能力建设中应该明确儿童的主体地位。在开展儿童工作之前可以先与儿童探讨“你有什么想学的本领吗”“要是现在突然发生危险，你觉得你应该怎样做”“你喜欢什么样的教育方式”，这些询问使儿童感受到被尊重，强烈的被认同感使儿童更乐于参与接下来的活动。这时，可以发动儿童自己设计防灾减灾的手抄报、简笔画等，带着他们到社区内做一些简单的宣传工作，在学习基础的防灾备灾知识的同时，增强了儿童的主体意识。在儿童能力建设的相关活动中，灌输式的传统教学方法亟待改善，工作者可以抛出一个灾害情景，让儿童分组讨论，自己设计一套应急方案，随后工作者引导儿童自己对几种方案进行比较，在分析和思考中深化防灾备灾知识的理解。

我们可以看出，儿童能力建设需要多方合作，既需要相信儿童的潜力，又需要专业的工作队伍来引导和支持。客观地看，随着专业社会工作机构的崛起，政府对社会工作机构的大力扶持，现阶段的有关儿童能力建设的公益项目在国内已经数不胜数。我国家庭教育指导从20世纪80年代至今已有30多年的历史，在全国妇联主持下已经制定了4个全国家庭教育工作的五年规划或计划，颁布了若干个有关家庭教育的工作文件，组织开展了一系列家庭教育促进活动，妇联的工作业绩可圈可点。可喜的是，儿童安全教育也成了家庭教育课程体系中重要的一环，家长对儿童进行安全教育，提高儿童在户外户内的安全意识，家庭成为儿童安全能力建设的重要场域。但仍然存在不足：首先，在安全教育中对人为灾害较为偏重，而对自然灾害的重视不够；其次，只有家庭对儿童进行安全能力建设，在实现儿童安全教育成效上略显不足。2013年，壹基金与中国平安联合发起了“儿童平安计划”，计划目标为向9万名儿童提供安全教育课程。该计划旨在搭建社会力量参与儿童安全教育的平台，通过支持公益组织、民间救援队、教育机构等社会力量，在城市社区和乡村学校运用体验、参与及流动教学的教育方法，由志愿者和教师为儿童带去更多安全知识，提升儿童应对风险的能力，同时提升学校的应急能力，促进儿童拥有更安全的校园环境。自2013年以来，“减灾小课堂”项目取得了良好的成效。先后使全国25个省的196所小学、超过45000名儿童受益，为他们提供了安全教育。2015年，“儿童平安—减灾小课堂”项目继续运行，通过全国民间公益组织、中国平安企业志愿者、大学生公益社团，为全国4.5万名儿童提供安全教育，并推动社会公众对儿童安全教育的重视和参与。这的确与“儿童优先视角的减灾备灾”项目有相似之处，但仍有本质区别。“儿童优先视角的减灾备灾”项目探索的是一个可持续性的、将儿童保护与减灾备灾工作结合开展的模式，并且最终的愿景是能够建立起以儿童之家为载体的社区儿童保护体系。因为在灾难来临时，儿童个人的应急和逃生意识和技能固然重要，但仅凭这些意识和技能是不能称为减灾和备灾的，这只能构成减灾备灾中的一部分，而另一部分也是极为重要的一部分，是由政府各个部门、社会各界主体对儿童有组织性的、科学性的应急管理和运行构成。

因此，在社区儿童保护体系的建设中，减灾备灾中的儿童能力建设的确是十分重要的工作，但如果不能将政府及各部门、社会各主体以及社区儿童之家调动起来，建立联动机制和运作机制，减灾备灾中的儿童能力建设即使扎实推进，成效显著，最终也不能为儿童提供全方位的保护。

中篇　实践分析：

5·12 汶川特大地震、儿童友好家园（CFS）与儿童之家建设

第五章

沉痛的记忆：5·12汶川特大地震纪实

第一节　认知地震：概念界定与类型分析

一、地震、地震诱因及各种“假说”

地震，又称地动、地振动，是地球上经常发生的一种自然现象。地壳运动引起了地球表面的快速振动，地壳在快速释放能量过程中造成振动，期间会产生地震波，这也是地壳运动的一种特殊表现形式。

地震诱因，也可称为地震成因，它是地震研究中的理论问题之一，地震成因往往包括两个基本问题，一是地震的发动形式，即震源过程，二是地震的能源，即力源。[①] 早在西周时期，我国就有对地震成因的探索，《国语·周语上》记载：“阳伏而不能出，阴迫而不能蒸，于是有地震。”对于地震的成因，古今中外有很多理论假说及研究观点。在国际上，基于1906年旧金山大地震，Reid H. F. 在1910年提出了“弹性回跳假说”，这一假说是地震学历史上里程碑式的标志，解释了地震的孕育和发生过程。1966年布雷斯（W. F. Brace）和拜利（J. D. Byerlee）提出，由于高温高压下摩擦阻力的不均匀和在滑动过程中的变化，地表出现动态不稳定。闭锁的断层面在产生滑

① 布莱克斯利，张春艳．关于地震成因的一种新理论［J］．国际地震动态，1992（11）：35-38.

动时突然释放能量，生成地震，继而闭锁，如此反复，断裂的破裂过程表现为断续地滑动和黏结交替运行，为实验证实。这个模型可以解释部分浅源地震和板块俯冲带的中源地震。20世纪70年代以来，美国学者努尔·肖尔茨等人根据岩石高压破裂实验和地震前兆观测资料，提出地震成因的膨胀理论，即应力集中—岩石产生裂隙（体积膨胀）—裂隙充水润滑—断裂错动并形成地震，其中“水”扮演了重要角色。[①] 而苏联学者对此有不同的解释，即应力作用下岩石产生均匀裂隙—裂隙增长（岩石体积膨胀）—裂隙集中—断裂错动形成地震，并没有“水”参与。这两个理论在一定程度上为地震成因提供了合理解释，适用于不同地区。1978年美国学者戈尔德认为，地球深部富含甲烷，其在上涌时促使孕震断层发生地震。同年，美国巴尔涅斯认为，地下深处富含二氧化碳气，其在上涌时可使孕震断层错动而发震。1981年达斯和肖尔茨用应力腐蚀讨论了前震、慢地震、震后断裂扩展和滑动以及余震等的形成原因。

古代我国在地震的成因问题上就提出了许多假说，如“阴阳二气说”“天体错行”“海水流波相搏说”等[②]，现在我国学者也提出了许多不同的看法。我国著名的地震学家郭增建、秦保燕教授对地震的成因条件进行深入分析后指出，任何一种地震成因模式，即合理的震源模式必须能解释地震发生时所观测到的基本事实、能解释自然界自动形成地震的环境与条件、能展现震前震后物理过程的连贯性与合理性、对介质物质的考虑应与其行为相一致这四个约束条件。为了进一步认识地震形成的原因，还必须在符合上述的条件上，进一步研究认识孕震体不稳平衡机制的建立与失稳发震机制的形成，地应力产生、传递、集中及提供错动所需位错空间的机制与功能等，进而逐步认识地震孕育与发生的成因。

周友华对地壳运动与地震成因的关系进行探讨后认为，地壳与岩层的垂向运动是形成深大断裂带的主要原因，也是地震发生的主要成因，而地壳的水平运动只是地震成因的很次要的原因。康怀义在关于地震成因的论述中认为，“盖板说”基于“地球内部缓慢积累的能量突然释放，引发地震”这一

---

① 肖承邺．地震成因综述［J］．山西地震，1978（2）：13-15.

② 张树清，雷中生，李秦梅．中国古代的地震成因理论［J］．地震研究，1996（3）：300-303.

原理，它与断层说、板块构造说的不同之处在于：盖板说认为地球能量从"盖板"周边释放出来，从而引发了地震，形成小范围的环形或弧形地震带，这是一种以垂直运动为主的地壳运动，缩小了圈定地震危险区和强震区的范围。李仕宏站在地震成因全局上，将地震成因进行排序，指出固体环压、环拉集中与固、液环流是发生地震的主导因素，地球自旋振荡是发生地震的修改因素，其他内、外波力是发生地震的可能引发因素。① 庄庆祥认为，地应力与断层活动不会发生震源爆炸，只有发生震源爆炸才会产生地震波。只有震源爆炸才会引发地震，因为在相对高温高压条件下，核类物质富集形成震源，震源处富集的核类物质经浓缩裂变爆炸引起地震。② 李景会认为，在地球这个特定范围内"力源"可分为三类，既有物理作用，也有化学的作用，甚至还有二者的共同作用。第一类"力源"是来自地球自身的向心力、吸引力的作用，促使天然大洞腔坍塌引发地壳抖动，引发中小型地震，塌陷地震的形成原因就是如此。第二类"力源"是太阳释放出来的冲击力，向太空和地球袭来，而这种力往往形成小、中地震。第三类"力源"是离子运动、转化、接触形成的。这个接触是正负离子运动、转化、吸引、结合的过程，以及正正离子运动、转化、排斥、汇合的过程。这两个过程在地球表面和地球板块内均可能出现。因此，这两个过程又由两个方面组成，不同过程的不同方面由于"力源不同"又会导致不同类型、不同大小的地震产生。③

关于地震成因，存在着不少理论假说，仔细推敲，其中的确存在不少值得思考乃至引起重视的地方，简要归纳以与读者共勉。

（1）弹性回跳假说。该假说认为，组成地壳的岩石层不但有断层还具有弹性，地壳运动产生的能量以弹性应变能的形式在断层及周围岩块中长期积累起来，当应变能突破岩层抗剪切强度和断层面上的摩擦，就突然释放形成地震。④（可解释浅源地震）

（2）粘滑说。该假说认为，在高压下的有断裂或断裂面的岩石是沿着断裂面粘结和滑动交替进行，断面发生断续的急跳滑动现象，经过多次应力降

---

① 李仕宏．地震成因研究［J］．大地测量与地球动力学，2010，30（S1）：149-156.

② 庄庆祥．地震成因探索［J］．能源与环境，2015（2）：2-3.

③ 李景会．关于地震成因的思考［J］．科技视界，2016（5）：295.

④ 刘力强．弹性回跳模型：从经典走向未来［J］．地震地质，2014，36（3）：825-832.

落把积累的应变能释放出来，形成地震。[①]

（3）断层说。简单讲，该假设认为地震就是由地壳岩石沿断层发生剪切错动引起的。[②]

（4）岩浆冲击说。以日本松泽武熊为代表的科学家提出的假说认为，岩浆向地壳中的薄弱部位冲击，使地壳破裂和发生运动，形成地震，并认为深源地震并不一定伴有断层，可以由岩浆流动引起，对解释深源地震和火山地震有一定意义。

（5）相变说。由美国学者布里奇曼提出，该假说认为，地下物质在一定临界温度和压力下，从一种结晶状态转化为另一种结晶状态，体积突然变化而发生地震。

（6）板块构造原理。该假说认为，地球的岩石圈分裂成若干巨大的板块，岩石圈板块在塑性软流圈上发生大规模水平运动，板块与板块之间或相互分离，或相互汇聚，或相互平移，引发地震、火山和构造运动。[③]

二、地震的危害

地震灾害具有突发性、不可预测性、较高频度、易产生严重的次生危害、对社会有很大影响等特点。影响地震灾害产生的因素有自然因素和社会因素，其中包括震级、震中距、震源深度、发震时间、发震地点、地震类型、地质条件、建筑物抗震性能、地区人口密度、经济发展程度和社会文明程度等。[④] 地震灾害是可以预防的，综合防御工作做好了，可以最大限度地减轻自然灾害。

地震发生后会造成直接灾害，如地震发生后直接造成地面裂缝、地面塌陷、山体滑坡、河流改道、地表变形，以及喷沙、冒水、大树倾倒等危害。如果地震发生在海边或海底，还会形成海啸。1960 年 5 月 22 日智利 8.9 级特大地震引发了世界上最大的海啸，智利海岸遭到袭击，十几米高的巨浪还

---

① 李普春，刘力强，郭玲莉，等．粘滑过程中的多点错动［J］．地震地质，2013，35（1）：125-137.

② 肖承邺．地震成因综述［J］．山西地震，1978（2）：13-15.

③ 朱炳泉，崔学军．板块构造学说面临的挑战［J］．大地构造与成矿学，2006，30（3）：265-274.

④ 周锡元，苏经宇．烈度、震中距和场地条件对地面运动反应谱的影响［J］．地震工程与工程振动，1983（2）：33-45.

以640千米的时速横扫太平洋，22小时之后在日本沿岸登陆，造成灾害。2004年12月26日一场大地震引发印度洋海啸，导致大约23万人死亡或失踪。此外，在大地震中，还有地光烧伤人畜的现象。

地震发生后会造成间接灾害，如地震发生后间接引起火灾、水灾、毒气泄漏、疫病蔓延等，也称为地震的次生灾害。地震的次生灾害大致可分为两大类：一是社会层面的，例如，地震时电器短路引燃煤气、汽油，公路、铁路、机场被地震摧毁会造成交通中断，因通信设施、互联网络被地震破坏而造成信息灾难，化工厂管道、贮存设备遭到破坏后会造成有毒物质泄漏、蔓延，危及人们的生命和健康，城市中与人民生活密切相关的电厂、水厂、煤气厂和各种管线被破坏，会造成大面积停水、停电、停气，卫生状况的恶化还会造成疫病流行；二是自然层面的，如滑坡、崩塌落石、泥石流、地裂缝、地面塌陷、砂土液化等次生地质灾害和水灾，发生在深海地区的强烈地震还可引起海啸。5·12汶川8级地震，造成什邡市一些化工厂倒塌，数百人被埋，80吨液氨泄漏，是典型的次生危害。

地震也会引起人为危害，如地震恐慌带来的损失，破坏性地震的突发性和巨大的摧毁力，造成人们对地震的恐惧。有一些地震本身没有造成直接破坏，但由于人们的明显感知，再加上各种"地震消息"的流传，社会可能会因动荡而造成损失。这种情况如果发生在经济发达的大、中城市，损失会相当严重，甚至不亚于一次真正的破坏性地震。由于缺乏知识，轻信谣言，人们会因恐慌而停工、停产、停课，会到银行大量提款，会因成群外逃"避震"造成交通堵塞，甚至会引起交通事故、跳楼避险或互相挤踏等情况而造成伤亡。这类因地震恐慌而造成的社会"灾害"，正引起地震学家和社会学家的广泛关注。

三、地震的类型

地震灾害是由地震引发的对人类生产和生活造成一定影响的自然灾害，地震灾害属于毁灭型的自然灾害，但并不是所有的地震都会对人类造成伤害。了解地震的类型分布，有利于快速判断灾害的基本类型和属性，以做好快速应对。学界对地震的分类主要有以下三种划分方法。

1. 根据发生的位置分类

发生在地壳板块边界上的地震被称为板缘地震，环太平洋地震带大多属于这种。板缘地震在发生时常会伴随着海啸，海啸所造成的灾害具有一定的特点，在这些地区开展儿童灾害教育时，应当对海啸的特点进行针对性的教育。发生在板块内的地震被称为板内地震，因为板内地震受周围地质环境的影响，次生灾害较为复杂，尤其是山区所发生的滑坡、泥石流等，部分村落会被全部填埋，针对这种类型的板内地震，灾前教育更需要多方位进行，牵涉的范围更广。因火山爆发引起的地壳板块震动而形成的地震被称为火山地震。由于人类在选择居住时会远离活火山，所以火山地震对人类造成的伤害较小，但一旦形成灾害，也具有毁灭性和不可逆性。

2. 根据震动性质不同分类

在自然界中发生的地震为天然地震；由爆破、核试验等人为因素引起的地震为人工地震；由大气、海浪冲击等引起的地震为脉动地震。这些不同性质的地震所产生的危害具有各自的特点，以人工地震为例，在对儿童进行灾害自救的教育时要增添对有毒气体防护的内容，在准备救灾物资时增添防毒面具等。

3. 根据震级划分

根据震级划分地震是人们生活中常用方法，3级以下的地震被称为“弱震”，3级以上4.5级以下的地震被称为“有感地震”，4.5级以上6级以下的地震被称为“中感地震”，6级以上的地震是大地震，8级以上的地震是特大地震，汶川地震便是特大地震。不同的震级所产生的震感也有差异，产生的破坏程度也各不相同。一般情况下，震级越高，震感越强，所产生的破坏程度越大。儿童可以根据不同的震感预判地震的大小，做好应急准备。

除了以上三种划分方法，学界还根据震源深度、破坏程度、地震形成原因、地震的远近、构造地震等因素对地震进行划分，从多角度更深刻地理解地震的形式及其影响。

四、研究者关于地震的预测

地震预测是公认的世界性科学难题，是地球科学的一个宏伟的科学研究目标。地震由于其突发性，往往造成惨重的人员伤亡以及巨大的经济损失，若能同时准确地预测出未来大地震的地点、时间和强度，无疑可以拯救数以万计乃至数十万计生活在地震危险区的人们的生命，最大限度地减轻各种损失。[①] 目前国内外对地震的预测研究仍处于初期的科学探索阶段，虽然整体水平仍然不高，但并非毫无进展。

1989 年至 1990 年，由国际地震学与地球内部物理学协会（IASPEI）下属的地震预测分委会组织的 13 名专家小组将地震预测定义为“同时给出未来地震的位置、大小、时间和概率 4 种参数，每种参数的误差小于、等于下列数值”[②]：

位置：±破裂长度。

大小：±0.5 破裂长度或震级±0.5 级。

时间：±20%地震复发时间。

概率：预测正确次数/（预测正确次数＋预测失误次数）。

地震预测通常分为长期（10 年以上）、中期（1～10 年）、短期（1 日至数百日及 1 日以下），短期预测又可划分为短期（10 日至数百日）和临震（1～10 日及 1 日以下）预测。简称为长、中、短、临预测。[③]

在地震长期预测方面，最突出的进展是板块边界大地震空区的确认，如在环太平洋地震带，几乎所有的大地震都发生在利用“地震空区”方法预先确定的空区内。[④]“地震空区”是指在时间上已超过了平均复发时间，但仍未以特征地震的方式破裂过的一段断层。著名日本地震学家今村明恒根据确认的东京近海的相模湾地震空区，成功地预报了 1923 年 Ms8.2 的东京大地震。其次是特征地震方法。特征地震是指在指定的断层上将会准周期性地发生具有特征大小与平均复发时间的地震。在地震中期预测方面的成就主要有以下几方面：一是“应力影区模式”，它不同于地震空区模式，不仅涉及断层段，还涉及其周围区域，由于应力是张量，所以地震的发生可使某些断层段应力增加或减小，在靠近已破裂的断层段的某些区域，应力实际上是增加的，这一模式为“地震群聚”现象提供了一种物理上的解释。二是地震活动性图像预测方法，在这个方法的基础上，日本的茂木清夫提出“茂木模式”，即一

① 刘桂萍. 关于我国地震预测预报发展的几点思考 [J]. 地震，2010，30（1）：1-9.

② M Wyss. Evaluation of proposed earthquake precursors [J]. Eos Transaction American Geophysical Union，1991，72（38）：411.

③ 陈运泰. 地震预测：回顾与展望 [J]. 中国科学，2009（12）：1633-1658.

④ Sykes，R Lynn. Aftershock zones of great earthquakes，seismicity gaps，and earthquake prediction for Alaska and the Aleutians [J]. Journal of Geophysical Research，1971，76（32）：8021-8041.

次大地震之后接着是频度随时间逐渐减少的余震，然后是平静期、前震活动期、短期平静期，最后是大地震。日本的Ohtake等利用茂木模式成功预报了1978年墨西哥南部瓦哈卡Ms7.7地震。除了“茂木模式”外，其他研究者提出了同时考虑地震的时、空、强三要素的，具有不同权重效应的“区域—时间—长度方法”（简称为RTL方法），基于复杂系统统计力学的地震物理预测模型的“图像信息学方法”（简称为PI方法）等。[①] 这些方法在一些震例研究中均检测到地震活动性的异常变化。三是图像识别法，以此为代表的是克依利斯—博罗克及其俄罗斯同事提出的TIP（强震增加概率的时间）的中期预测方法、为预测全球8级以上大地震而设计的“M8算法”和为预测美国加州和内华达州而设计的“CN算法”。运用此方法，他们成功预报了2003年发生在日本北海道的大地震。

目前研究短、临地震预测的主攻方向是寻找和抓住地震前兆。地震的发生，一般是地壳或更深处的岩石长期受力逐渐变形直至破裂的结果。这个过程是一个长期演变过程，当其濒临破裂之前，常产生许多相关现象，预示地震将要发生，这些现象被称为地震前兆。它又可分为微观前兆和宏观前兆。地震前人们不能感觉到的，必须用仪器长期监测才能发现的自然现象变化，称微观前兆。[②] 微观前兆包括地应力变化、地形变化、地磁异常、地电流变化、海平面的升降、地震波传播速度的变化、地温变化、重力变化、地下水化学成分的变化等征兆。宏观前兆通常指震前人的感觉器官能够直接察觉到的一些震前征兆。[③] 如地下水异常，包括地下水位的突然升高或下降，水质变苦、变甜、变色、变浑或变清，以及翻花、冒泡等。有时还有微观的变化，如地下水温，放射性物质（氡、铀等同位素含量等）变化[④]，动物反应异常，地声。地震时或临震前地下往往会发出声响。实验表明，在应力达到岩石破裂强度一半时，声发射信号显著增加，而当微破裂进一步发展时，声发频率由高频向低频变化，因而有可能被仪器和人耳接收。[⑤] 根据地声的特

---

① J B Rundle, W Klein, K Tiampo, et al. Linear pattern dynamics in nonlinear threshold systems [J]. Phys Rev E, 2000, 61 (61): 2418-2431.

② 张国民，傅征祥，桂燮泰，等. 地震预报引论 [M]. 北京：科学出版社，2001.

③ 顾国华. 地壳形变与地震前兆探索回顾和展望 [J]. 地震，2012，32 (2)：22-30.

④ 赵栋，易立新，王广才，等. 地下水位中地震前兆信息提取方法研究 [J]. 地震工程学报，2013，35 (2)：334-341.

⑤ 郑治真. 我国前兆地声的观测与研究 [J]. 地球物理学报，1994 (S1)：251-260.

点还能够判断地震的大小和远近。有人总结其规律：声调沉闷如闷雷，地震较大；声发尖，地震较小；声音长，在远方；声音短，离不远。其次还有地光，即在临近强烈地震发生时出现发光现象。此外，地震前兆还常表现为天气骤冷或骤热、大风、暴雨、大雪等异常现象。通过观察这些异常现象，我们可以对地震做出短、临预报。通常用于检测地震前兆的主要方法是地球物理方法。①

目前地震预测研究包括三个方向：第一个方向，由于地震大部分是发生在地壳中、上层，少数是发生在深入地幔的部位，故认定地震的孕育和发生属于地质过程，研究地震预测应着重研究地震发生的地质构造特点，这个方向可以被称为“地震地质方向”。② 第二个方向着重地震统计，即运用数理统计方法，设法得出地震发生的规律，特别是地震发生时间序列的规律，这种根据过去以推测未来的方法，可被称为“地震统计方向”。③ 第三个方向是研究地震前兆，认为地震过程属于物理过程，观测地球物理场各种参量及其异常变化，可以找到地震发生的征兆。这个方向被称为“地震物理方向”。④ 但上述三个方向或三个方法都有其片面性，不可能孤立地从某一个方面来求得地震预测的方法，只有采取综合观测的方法，才可探索出可以利用的规律。例如，地震烈度区划包括以下几种概念界：在一定地区、一定时间内（通常指百年左右），在一般场地条件下可能遭受地震的最大烈度，被称为“地震基本烈度”。对大区域的地震基本烈度进行鉴定，被称为“地震烈度区划”。⑤ 把这种结果绘制在全国或一个地区的图上，被称为地震烈度区划图。这种区划图对于部署国民经济计划及各种工程设计，皆具有重要的意义。若图中将基本烈度鉴定偏低，一旦遭受强震，便会造成重大损失；若将烈度鉴定偏高，则会增加不必要的抗震措施，提高工程造价，造成经济上的损失。因

---

① 陈运泰. 地震预测：回顾与展望 [J]. 中国科学，2009 (12)：1633-1658.

② 李祥权，陆永潮，全夏韵，等. 从层序地层学到地震沉积学：三维地震技术广泛应用背景下的地震地质研究发展方向 [J]. 地质科技情报，2013 (1)：133-138.

③ 陈凌，陈颙，刘杰，等. 地震活动性的统计分析：由过去推测将来的可能性研究 [J]. 地球物理学报，1998 (1)：61-70.

④ 袁桂琴，熊盛青，孟庆敏，等. 地球物理勘查技术应用研究 [J]. 地质学报，2011，85 (11)：1744-1805.

⑤ 邓起东，张裕明，环文林，等. 中国地震烈度区划图编制的原则和方法 [J]. 地震学报，1980 (1)：92-112.

此，编制全国的或地区性的地震烈度区划图，特别是制作地震危险区划图，对于未来强震可能发生地区的预测，具有实际意义，但这是很不容易的一件事。一方面，要根据大量的、可靠的地质资料进行地震地质构造分析，即弄清楚强震发生的活动性断裂构造上的地质构造，了解掌握断裂构造的部位与地震的关系，为强震预测做准备；另一方面，要对历史地震进行分析，即利用历史地震资料，并结合具体的地质构造进行分析，可以推断震中的分布地点、总结地震的时间分布规律、预测未来地震的震级等。

为了减少地震造成的危害，各国专家和学者对地震预测进行了多种研究。1964 年阿拉斯加发生 8.5 级地震后，美国开始重视并逐渐增强地震预测研究，1965 年 Press 等提出了地震预测和防止地震灾害研究十年计划，特别是在 20 世纪 70 年代，大量有关震前波速异常、波速比异常等前兆现象的报道和膨胀—扩散模式、膨胀—失稳模式等有关前兆的物理机制被提出，地震预测研究迎来热潮。美国宇航局制订了一项“EOPAP”计划即“地球与海洋物理应用计划”，他们根据板块构造理论，连续精确地监测板块边缘和断裂带的地表变形，为建立板块和断层运动的定量模型提供可靠的数据，从而推导出应变模型，进而用于地震预报。该计划利用现有的空间技术，甚至开展了激光测距技术、长基线干涉技术和遥测技术 3 项监测技术来探测全球地壳运动的状态，了解地块成因和整个孕震过程，从而能准确预报出地震震级、震中位置和发震时间，为地震预报提供可能。[①] 希腊雅典大学的科学家 Panayotis Varotsos 在 20 世纪 70 年代发现许多固态物质在压力下会发射电信号，随后他与 K. Alexopoulos、K. Nomicos 两位科学家合作，致力于将固态物质发射电信号的现象应用于地震研究，提出了以他们名字命名的预测地震的“VAN 方法”，即通过记录、检测和解释地震之前的电信号来预测地震。日本在 1962 年提出“蓝图”即“地震预知——现状及推进计划”，日本地震学家在此基础上提出的实现地震预测最好的途径，为今后的地震预测定下了指导原则，同时推行五年计划，将地震预测赋予了研究和实用的两种价值。苏联在 1948 年阿什哈巴德地震之后，在中亚的加尔姆地区开始了地震前兆的研究，1966 年塔什干地震后，他们扩大了地震预测研究的范围，相继建立了加尔姆、杜尚别、伏龙芝、塔什干、阿什哈巴德、阿拉木图、喀尔巴阡、

---

① 谢鸿森. 地球动力学与地震成因［J］. 地球与环境，1978（7）：73-74.

堪察加等地震试验场，为地震预测提供了真实的数据。[①]

我国在1964年邢台地震后迎来地震工作的转折点，进入了探索地震短临预报方法并进行试验性预报的新阶段。1975年2月14日，成功预报了海城地震Ms7.5地震，取得了举世瞩目的成就。[②] 1980—1985年，国家地震局对我国大地震的震例进行系统的总结，为经验型预测地震提供了真实可靠的数据，并从地震学、大地形变、水位、水化、地磁、地倾斜、重力、地应力、地电学九种方法和综合预报方法进行系统清理，深化了对地震前兆的认识。总体来说，我国关于地震预测方法的研究大致可从三类来概述，第一类是基于已发生过的地震或其他有关现象的统计规律来推测未来可能发生的地震，如翁文波的方法，即统计历史时期某一地区发生过地震在时间坐标上的分布，以此为基础模拟出一条曲线，从而建立回归方程，推测出未来可能发生地震的时间和强度，根据此方法，翁文波成功预报了1989年在旧金山大区内发生的6.9级地震。第二类是基于某种地震前兆而发展的方法，如张铁铮的“磁暴二倍法”[③] 就是以地磁的前兆变化为基础，并于1969年成功预测了渤海地震以及发生在1970年云南通海的7.8级大地震，还有陈一文先生倡导利用“电磁波MDCB地震监测网”的方法来预测地震的发生[④]，强祖基提出利用卫星热红外异常预报地震方法。[⑤] 第三类则是集合数种地震前兆联合预测的方法，如孙威自1975年以来自己研制出地应力仪、地倾斜仪、重力仪、地磁仪、地电仪和谐振仪[⑥]，并经科学院权威研究所的两年试验来证明可应用于地震预测。

近十年来，我国结合积累的大量震例资料，积极吸取国内外各学科领域的新成果以及探索地震预测的新技术和新方法。先后通过引用和应用，研究

---

① 陈运泰. 地震预测研究概况［J］. 地震学刊，1993（1）：17-23.

② 陈运泰. 地震预测研究概况［J］. 地震学刊，1993（1）：17-23.

③ 车用太，刘成龙，鱼金子. 论地震预测（报）现状及基础研究问题［J］. 国际地震动态，2005（12）：19-23.

④ 杨建思. 地震预测研究发展简单回顾与建议［J］. 国际地震动态，2005（5）：163-167.

⑤ 陈棋福，陈颙，李娟，等. 地震预测研究与展望［J］. 地球物理学报，1997（S1）：386-395.

⑥ 杨建思. 地震预测研究发展简单回顾与建议［J］. 国际地震动态，2005（5）：163-167.

发展出新的地震预报技术和方法，如电磁波、地下气体灵敏组分、地温、加卸载响应比、S波分裂、非线性方法等预测新方法或技术。概率统计、模糊数学、系统科学、人工智能技术以及全球空间定位技术（GPS）、卫星遥感技术（RS）和层析成像成本技术（CT）也已用于地震预测的探索研究[①]，为地震预测领域做出了一定的贡献。本节对一些地震预测方法进行总结及介绍，主要的地震预测方法有以下几种。

1. 地应力观测法[②]

地应力观测法主要是观测地应力的变化、加强到突变的过程，得到地应力的相关性质、特点以及作用方式和变化规律，以便更好地预测应力集中情况。

2. 钻孔应变法[③]

顾名思义，钻孔应变法是将传感器放在钻孔中观测岩层和土层的应变，实际上是观测应变的变化。在这种观测中，传感器必须与介质（岩石或土壤）紧密联系在一起，也就是耦合起来。钻孔应变的观测结果用途广泛：一是观测连续变化，看是否有地震前兆，也能观测到断层活动和固体潮的变化；二是同震变化的观测，结合钻孔应变的观测，对地球自由震荡、震源过程、应力触发等问题进行分析；三是观测震后变化，主要是针对后续地震、慢地震等问题（钻孔应变观测数据库）。钻孔应变法包括两种观测方法，即钻孔体应变观测和钻孔分量应变观测。

3. GPS观测法[④]

从对观测数据进行处理不同方式的角度，GPS观测地壳形变主要有四种信息表达方式：相对于全球参考框架的GPS观测位置的时间序列；相对于区域基准的GPS观测位置的时间序列；GPS站间的观测基线长度的时间序列以及区域变形参数时间序列。目前可进行处理的软件有美国的GAMIT/

---

① 张国民，李丽，焦明若．我国地震预报研究近十年的发展与展望［J］．地球物理学报，1997（S1）：396-410．

② Zoback M D，Paul P，Lucier A．利用斜井钻孔破裂观测值约束深井和深矿中的全应力张量——在两个复杂实例中的应用［J］．骆佳骥，译．国际地震动态，2011（1）：49-56．

③ 赵永红，杨家英，惠红军，等．地震预测方法Ⅰ：综述［J］．地球物理学进展，2014，29（1）：129-140．

④ 余怀中，程佳．一种将GPS观测应用于地震中短期预测的简单尝试［J］．西北地震学报，2011，33（1）：9-14．

GLOBK、GIPSY/OASIS和瑞士的BERNESE。通过以上信息建立相应位移场、速度场和应变场，为地球动力学和地震模型提供约束条件，实现观测数据和动力学理论模型的结合，为地震的动力学预报创造条件。而建立连续GPS网络可能实现地震的中短期预测。

4. 地下流体异常观测①

地下流体异常观测的观测项目主要有水位、水温、水氡与水汞、气氡、气汞、氦等，通过观测这些流体的异常变化等来获取地震孕育、发生和成灾过程中的相关信息，进而对地震进行预测。

5. 氢同位素法②

利用地表水和深部水的氢同位素含量存在差异的原理，通过探测地下较深层的水的氢同位素值变化，预测地下岩石构造的变化，取得孕震数据的特征值，进行临震预报，对大于5级的地震预测有一定的敏感度。该方法采样要求较高，对地下水的深度等有较高要求。

6. 电磁法③

目前已有的电磁法地震预测的流程是在各台站设置仪器观测覆盖区域的电磁数据，如电场各分量、电阻率、磁场各分量或者给定频率的电磁波等。通过一定的方法对所收集的数据进行处理，提取出电磁异常，对这些异常进行分析，从而给出与地震发生的时间、地点和震级相关的预测意见。通常对地震电磁异常现象观测有三种：一是地基被动观测，研究来自岩石圈的辐射，观测地壳和更深层电性结构（电阻率和电导率）的变化；二是地基无线电信号主动型观测，研究岩石圈—大气层—电离层之间可能的耦合关系；三是空间对地观测与地基观测相结合形成立体化的观测，这种观测是以卫星作为载体。

表面上看，地震预测似乎已经取得一定的成就，实际上仍处于初期探索阶段。地震预测进程缓慢的主要原因有三个：一是地震是宏观自然界中大规模的地下深层变化过程，与在实验室可控条件下单纯进行的样品实验过程不

① 刘耀炜，陈华静，车用太．我国地震地下流体观测研究40年发展与展望［J］．国际地震动态，2006（7）：3-12．

② 陈辉．氢在地球演化过程中的同位素分馏［J］．地质科学，1996（3）：239-245．

③ 赵永红，肖彦君，王航，等．地震预测方法Ⅳ：电磁法［J］．地球物理学进展，2016，31（6）：2487-2494．

同，其影响因素过于复杂，难以了解其成因及发生规律；二是地球具有不可入性以及未知性，对地震研究工作造成巨大的阻力[①]；三是地震预测具有自然及社会的两种属性，自然属性增加研究的难度，社会属性则强调预测后的后果[②]。虽然研究困难重重，但各国专家协同努力，最终探究出预测地震的技术和方法，减少地震带给世界的危害。

第二节　特大灾害：5·12 特大地震诱因及灾害影响

一、5·12 汶川特大地震

2008 年对于中国人来说是不平凡的一年，在这一年里，百年奥运的梦想终于实现，我们真正向全世界展示了中国的繁荣和强盛。但在这一年里，也有一个巨大的伤口烙在我们每一个中国人身上，那就是 2008 年 5 月 12 日 14 时 28 分发生在四川省汶川县的里氏 8.0 级大地震。这次地震是 20 世纪下半叶以来发生在中国破坏性最强，波及范围最大的一次地震，是自蒙古赤城大地震（1290 年）、陕西华县地震（1556 年）、宁夏海原地震（1920 年）、唐山大地震（1976 年）之后，中国伤亡人数最为惨重的自然灾害。[③]

这次地震造成七万余人死亡，约四千万人受灾。2001 年在昆仑山区发生了 8.1 级地震，虽然震级大于汶川地震，但由于地震所发生的山区内少有人居住，人类活动痕迹较少，故没有造成人员的伤亡，其所造成的经济损失也可忽略不计。汶川大地震其震源深度约为 14 千米，地震的主要能量释放持续了将近两分钟。矩震级达 8.3Mw（根据美国地质调查局的数据，矩震级为 7.9Mw），地震烈度达到 11 度，主要能量在一分钟内释放完。这是一次逆

① 刘桂萍. 关于我国地震预测预报发展的几点思考［J］. 地震，2010（1）：1-9.

② 车用太，刘成龙. 汶川地震后关于地震预测问题的再思考［J］. 国际地震动态，2008（10）：1-6.

③ 李勇，黄润秋，周荣军，等. 汶川 8.0 级地震的基本特征及其研究进展［J］. 四川大学学报（工程科学版）2009（5）：7-25.

冲、右旋、挤压型断层浅源性地震。在地震发生的短短两分钟内，地壳深部的岩石中形成了一条长约300千米、深达2千米的大断裂，其中的200余千米出露于地表，形成沿映秀—北川断裂分布的地表破裂带。在地表破裂带经过之处，所有山脊、水系和人类的建筑均被毁坏。[①] 地震后还引发了大量的滑坡、泥石流、山崩等地质灾害。

汶川地震中受灾最严重的是北川县而非汶川县，那为何会命名为汶川地震？这次地震的破裂起始点在地面的投影和震中（距成都市西北约75千米、都江堰市以西约20千米的漩口—映秀一带，位于龙门山中、岷江南北向V形峡谷南端的映秀镇附近）行政区划属汶川县管辖，故而称为汶川地震。这次大地震波及大半个中国（除了吉林、黑龙江和新疆地区外，全国都有震感），北至辽宁，东至上海，南至香港、澳门，西至西藏。其中，重灾区范围超过100000平方千米，极重灾区共10个县（市），较重灾区共41个县（市），一般灾区共186个县（市）。据民政部报告，截至2008年9月25日12时，四川汶川地震已确认有69227人遇难，374644人受伤，17923人失踪。据卫生部报告，截至2008年9月22日12时，因地震受伤住院治疗累计96544人（不包括灾区病员人数），已出院93518人，仍有352人住院，共救治伤病员4273551人次。鉴于汶川特大地震给我国人民带来的沉重灾难，国务院将每一年的5月12日定为全国“防灾减灾”日。

二、汶川特大地震的特征及成因

2008年5月12日汶川8.0级特大地震是龙门山断裂带的映秀—北川断裂突发错动的结果，地表上形成200多千米长的地表破裂带；灌县—江油断裂在地震中也发生了破裂，形成的地表破裂带长达60多千米。震前GPS观测表明，横跨整个龙门山断裂带的滑动速率较低，单条断裂的活动速率不超过～1mm/yr，与地展地质研究结果和历史地展记录相一致。因此，5·12坟川大地震是一次低滑动速率、长复发周期和高破坏强度的巨大地震，其特点是能量积累慢、复发周期长、释放能量大、影响范围广、破坏强度高、次生灾害重。由于这种地展发生在大陆内部，对人类社会的破坏性极强，并且难

① 张培震，徐锡伟，闻学泽，冉勇康．2008年汶川8.0级地震发震断裂的滑动速率、复发周期和构造成因［J］．地球物理学报，2008（4）：1066-1073.

以预测。①

5·12汶川大地震的最根本动力来源是青藏高原和华南地块之间的相对运动在断裂带上产生的能量积累和释放。在相对运动中，隆起的“世界屋脊”——青藏高原不易再向上或向下变化，因此，高原的内部物质就会向东和向北扩展，但高原在这两个方向的运动中遭遇到强硬的四川盆地的阻挡，就导致众多地壳物质在龙门山下的堆积，形成了特殊的高原地貌。而地表上，龙门山山脉由此产生，龙门山是青藏高原东缘的边界山脉，北起广元，南至天全，长约500娜，宽约30娜，呈东北—西南向展布，东北与大巴山相交，西南被鲜水河断裂相截。而构成龙门山山脉的重要岩石单元是古老的变质杂岩体，这种岩石抵抗破坏和断裂的强度特别大，能够积累很大的能量，在瞬间释放形成强烈地震。②

总体而言，汶川地震事发四川龙门山，祸起印度板块和欧亚板块的碰撞。龙门山构造带由三条具有发生强烈地展能力的主干断裂带组成：汶川—茂县断裂带、映秀—北川断裂带和灌县—江油断裂带。这三条断裂带组合成一条剪切带，成为青藏高原推覆于四川盆地之上的主要控制构造。③

在汶川地震中专家考察发现，映秀—北川断裂及地展地表破裂带的走向和倾角特殊，其随深度增加倾角逐渐减小，这说明龙门山断裂带在地壳上部倾角很陡，下部倾角逐渐变缓，从几何结构来看呈“犁型”或“铲形”。而这种结构非常有利于能量的高度积累，形成巨大的8.0级强震。④

虽然龙门山断裂带的整体滑动速率较小，但其中汶川—茂县断裂向西、向东和向北的运动速率都很大。青藏高原东北部除了龙门山断裂带，还有位于龙门山断裂带西部的龙日坝断裂带，该断裂带与龙门山断裂带之间逆向运动，在地质学上被称为“逆冲兼走滑”。在多种运动的作用下，能量在龙门山断裂带高度积累，当龙门山断裂带最终无法负荷这种运动强度和龙门山地

---

① 张培震，徐锡伟，闻学泽，等. 2008年汶川8.0级地震发震断裂的滑动速率、复发周期和构造成因［J］. 地球物理学报，2008（4）：1066-1073.

② 张培震，徐锡伟，闻学泽，等. 2008年汶川8.0级地震发震断裂的滑动速率、复发周期和构造成因［J］. 地球物理学报，2008（4）：1066-1073.

③ Densemore A L，Ellis M. Li Y，et al. Active tectonics of the Beichuan and Pengguan faults at the eastern margin of the Tibetan Plateau. Tectonics，2007，26.

④ 苏凤环，韩用顺，刘洪江. 汶川地震灾害与灾后重建的初步研究［J］. 云南帅范大学学报（哲学社会科学版）. 2008（9）：40-45.

壳物质的强度之后，沿龙门山断裂带的映秀—北川断裂突发破裂，形成巨大的5·12汶川大地震。简单来说，就是在印度洋板块向欧亚板块俯冲而造成青藏高原快速隆升的过程中，高原物质向东缓慢流动，高原东缘沿龙门山构造带向东挤压，遇到四川盆地之下刚性地块的顽强阻挡，造成构造应力能量的长期积累，最终在龙门山断裂带的中央断裂映秀—北川断裂突然释放。这次地震开始于汶川县震中位置，然后以3.1千米/秒速度向北东方向传播300千米，最后破裂反向传播，在震中西南也有微弱的能量辐射。

三、汶川特大地震的危害

地震是一种能够对人类产生巨大破坏的自然灾害，其在短时间内所释放的能量不仅能摧毁人类的建筑，造成人类的生命和财产的损失，而且会引发一系列的自然灾害。2012年9月4日，国务院新闻办就四川汶川特大地震及灾害损失评估情况召开新闻发布会，宣称地震造成69226人死亡，17923人失踪，共计87149人。四川、甘肃、陕西三省的极重灾区和重灾区分别是39个、8个和4个，共51个灾区县，总面积达到13万多平方千米。此次汶川地震造成的直接经济损失达8451亿人民币，其中，四川占到总损失的91.3%，甘肃占5.8%，陕西占2.9%。倒塌房屋778.91万间，损坏房屋2459万间，1000余万人无家可归。在这些损失中，民房和城市居民住房的损失占总损失的27.4%，包括学校、医院和其他非住房建筑的损失占总损失的20.4%，另外还有基础设施、道路和桥梁以及其他城市基础设施，其损失占总损失的21.9%。震中地区周围的16条国道、省道干线公路和宝成线等6条铁路受损中断，2.2万千米道路被摧毁，公路受损里程累计53295千米，2900多座桥梁倒塌，27个隧道受损，变电站停运171座，线路停运2751条，部分电网损毁殆尽，公司供电用户因灾害停电累计达405万户，直接经济损失达106亿元，灾后重建需要资金313亿元。①

除此之外，此次地震造成了四川大面积的地形地貌变化。据统计，四川地区已经形成了13个堰塞湖，主要位于汶川、北川及青川等重灾区，而这些堰塞湖会一直存在决堤的危险。位于四川岷江上游的9座水坝受到不同程度的破坏，并且区域内最大的水库——紫坪铺水库破坏程度最大，水库出现

---

① 四川汶川地震及灾害损失评估公布［J］. 西部大开发，2008（10）：26.

了裂缝以及局部沉陷。而周围山区还有大量泥石流不断下泄，严重危及水库的安全。[①]

文物古迹方面，在这次地震中，四川省65处（超过一半）国家重点文物保护单位受到破坏，近120个省级文物保护地区受损毁。其中，建于明末的四川阆中白塔在地震中拦腰截断，12层的阆中白塔被震垮6层；汶川县雁门乡有四千多年历史的古迹遗址“萝卜寨”在地震中被夷为平地。其他完全倒塌的古迹包括都江堰市二王庙古建筑群、彭州领报修院、江油市李白故里等，绵竹剑南春“天益老号”酒坊遗址古建筑、理县桃枰羌寨、江油市杜甫草堂、安县文星塔、青山市普照寺等则局部倒塌或受到严重破坏。汶川特大地震使四川各地的少数民族文物和文化遗产遭到了不同程度的破坏，其中，北川等地的少数民族聚居区受灾情况严重，并且羌文化遭到破坏，有一定的流失。

四川如此大的浩劫给灾区人民带来了巨大的心理阴影。亲历和目睹了生死时刻的残酷的人们在地震后呈现出来不同程度的心理创伤，主要表现在：①忍不住过度关注灾情。不断地从多种渠道了解灾区报道，如网页、电视和广播等，并不自觉地伴随哭泣、发抖和叹气等。②不断回想灾难悲惨画面，害怕死亡，并且长时间处在感动、悲伤、恐惧甚至焦虑等较极端的状态里。③有倾诉的渴求出现。想不停地找人聊关于灾区的事情和经历。④情绪转换太快，突然变平静，对很多事情都提不起兴趣。⑤自我怀疑严重。对现有的工作、生活或以前追求的理想目标等产生了失望和怀疑情绪。⑥被负罪思想折磨。时而变得异常激动，负罪感出现，一门心思要为灾区做点什么。这样的心理创伤直接影响了灾区幸存者的正常生活。有的甚至沉湎于亲人离世的痛苦中无法自拔，始终无法重新回到生活的正轨。

总之，5·12汶川大地震是一场巨大的灾难，是一场始料未及的浩劫。而这场灾难造成的危害，实际上是无法用简单的数字来衡量的。

四、反思

在城市化和工业化不断加速的今天，从前的致灾因子在人类的生存版图

---

① 郑声安，王仁坤，章建跃，等. 汶川地震对岷江上游水电工程的影响分析［J］. 水力发电，2008（11）：5-9.

不断扩大的同时，也加剧了不同灾害的发生。现在对于灾害的广义解读不仅包括自然灾害即“天灾”，还包括人为灾害即“人祸”，这些灾害的危险潜藏在生活中，随时可能夺去人们的生命和财产。灾害不仅威胁到人类的生命安全，还对一个国家的基础建设、经济发展具有极大的破坏作用，严重的灾害甚至可以直接导致国家动乱。此外，在现代社会，由于人类活动对自然资源的过度开发，世界范围内的灾害频发，形势非常严峻，所以灾害的议题一直是国际和国内关注的焦点。

早在20世纪联合国就已经发出声音，呼吁各国积极应对灾害，将灾害对人类生存环境的破坏降到最低。一个世纪以来，人类从以前的抗灾到现在的减灾备灾和平灾的变化，既体现出世界范围内灾害的危害足够威胁人类的生命安全和社会的可持续发展，又表现出人类对于灾害认识的进步，以及降低灾害对人类社会危害的方法的进步。中国一直是自然灾害种类多、发生频度高的国家，再加上人口集中密度高，易致灾性显著提高，这对于国家的发展尤为不利。因此，对于减灾备灾，政府和专家学者一直在积极探索。近年来，社区成为国际和国内减灾备灾工作开展的重要阵地，虽然早在2004年民政部就已经提出了要在全国范围内开展“减灾进社区”活动，但到目前为止，我国社区的减灾备灾体系仍未建立起来。四川5·12汶川特大地震的发生，更加凸显了我国减灾备灾工作的不足。

首先是基础设施建设的抗灾性。汶川地震的发生是对我国基础建设质量的一次检验，而这一次突击检验暴露了很多的不足。中国地震局工程力学研究所博士郭迅批评北川只有两栋校舍符合国家建筑规定。香港理工大学建设学院副院长周锦添在考察绵竹市五福镇富新小学及都江堰聚源中学后更指出，倒塌的校舍架构如积木，其墙身由红砖砌成，以空心板及一层混凝土搭成三至四层，结构松散，梁与砖之间没有连续性，而且只有屋顶横梁有少量钢筋，他形容砖与砖之间的英泥浆就像威化饼，英泥含量少，毫无抗震能力。中国住房和城乡建设部亦承认不排除有偷工减料的可能。而日本地震学者亦认为中国建筑抗震标准偏低，日本国土交通省的抗震基本标准是能经受住300～400伽（gal）的地震加速度值的（阪神大地震为800伽）。而中国2001年制定了各地区建筑抗震标准，大部分不足日本的一半，如北京200伽、上海100伽，而四川等地的准则更低，成都为100伽，重庆、绵阳、德阳等地仅50伽，据称很多陈旧建筑的抗震强度更低。此外，中国一般建筑物的支柱较细、混凝土质量较差、钢筋数量较少，地方上的老房子几乎没有使用新的建筑技术。除建筑外，道路、通信工程等都需要符合抗灾性的标准。

其次是灾害应急管理。虽然在地震发生后，国家减灾委员会立刻启动了二级救灾应急响应，救援队伍和救援物资立刻支援灾区，但从灾害造成的巨大人员伤亡来看，我们国家的灾害应急管理还存在不足，尤其是从上到下、从国家层面到社区层面，灾害应急管理体系还有待完善和补充。

再次是全民的减灾备灾意识和技能。在地震面前，人们仅有的认知只有唐山大地震的可怕和恐怖，而关于应对地震的知识和技能，他们几乎从未接触过。地震发生时，大多数的人都选择了跑，慌乱地、毫无秩序地跑，结果造成了很多人并未能安全逃生，大大影响了逃生和救援效率。而在这次5·12汶川特大地震中，因为迅捷和机智，有一位在北川县第一中学就职的老师在地震发生时，组织学生都躲在铁凳子底下，该班的59名学生全部脱险。这更加说明了提高减灾备灾的意识、掌握减灾备灾的技能十分重要，但对于目前我国的减灾备灾工作开展的情况来看，还存在很大的不足。

最后是救援和重建过程中的心理干预。此次地震对我国而言虽然损失惨重，但我国也向世界各国展示了中国令人惊叹的救援和重建速度。一方有难，八方支援。地震发生后，除了政府立即调动了大量专业的救援队伍前往灾区救援，各公益组织或个人志愿者也参与到救援中来。但在这一紧急过程中，救援人员和志愿者缺少应有的心理知识培训，导致在救援过程中未能第一时间对灾区人民的心理健康进行保护和干预，造成了二次伤害，甚至是永久性创伤。在重建过程中更加体现出，缺乏专业的心理干预团队如社会工作者队伍、心理治疗队伍等对灾民进行心理重建，这会极大地影响灾民们地震后的健康生活。

汶川大地震之前的唐山大地震曾给了我们深刻的教训，我国自此吸取教训，和世界上许多国家一样，投入了大量的人力和物力，致力于地震的检测系统和预报研究，还建立了具有一定规模的专业地震队伍和地震观测台、站，地震观测已基本实现数字化、网络化。防震减灾工作已从当初的以监测为主发展到今天监测预报、震灾预防、震后应急加基础研究的“3＋1”体系（监测预报、震灾预防、震后应急加基础研究）。地震预报的实践也曾取得过1975年海城7.3级地震临震预报的成功经验。[①] 在国际上，对于地震的研究

① 樊跃新，非明伦，余庆坤. 汶川8.0级地震所引发的防震减灾工作启示［J］. 灾害学，2009（12）：73-76.

也一直是地球科学探索的重点，并在这几十年取得了一定的进展。目前科学家对世界上可能会发生地震的地点已大致了解，对长时间尺度发生地震的可能性可以做出较准确的评估。但对某个地震在震前做出准确的预报还没有任何国家能够实现。① 日本作为世界上地震发生次数最多的国家，其对地震的研究一直在前沿领域，但是因为认识到地震预测在理论上暂时没有可行性，不想做更多的无用功，所以将研究的重点转到了防震上。汶川地震便是短临预报失败的典型，因此，我们对地震的减灾备灾工作也需要从预报地震转移到预防地震上来。

汶川 8.0 级特大地震的教训清楚地告诉我们，减灾、防灾和备灾是减轻地震灾害的最有效途径。地震的减灾备灾又分为工程性措施和非工程性措施两方面。

在工程性措施方面：①制定和实施基础建设防震抗震标准。②合理正确选址是防御灾害、规避风险的先决条件。城市和农村民居的选址和建设应避开地震的断裂带、抗震不利地段，以及易受滑坡、泥石流、塌陷、洪水等危害的地方。北川县城距离震中有 130 千米的距离，却遭受到了毁灭性的破坏，一是因为北川地处地震断裂带中心，龙门山中央断裂穿城而过，恰好位于此次地震断层滑动量相对较大的段落，二是因为整个城市在建设过程中忽视了选址，大部分房子都以峡谷中的河流为界，紧靠两边山体，破开山脚、辟出空地修建房屋，周围都是滑坡体，这导致许多民居建筑在震后被落石和滑坡掩埋。

在非工程性措施方面：①对灾害的正确认知和应对技能知识必不可少。不管是地震还是其他任何灾害，人们都应该有一个科学的认识，并熟练掌握不同灾害的特征和应对方法。②减灾备灾的宣传教育。将灾害应急演练作为日常机制，训练群众逃生以及配合专业救援队伍的能力。安县的桑枣中学正是靠平时掌握的地震避险、应急演练、自救互救等知识，在第一时间成功逃生、成功救助的。有许多被掩埋的幸存者也是运用掌握的知识来保持生命体征、等待援救的。许多单位按照地震应急预案迅速组织完成灾情控制和抢险。灾区各偏远乡村的许多受灾信息也都是由受过训练的基层干部和群众报

---

① 李勇，黄润秋，周荣军，等．汶川 8.0 级地震的基本特征及其研究进展 [J]．四川大学学报（工程科学版），2009 (5)：7-25.

送的。特别是受灾严重的偏远乡村，许多基层干部依靠掌握的防震减灾知识，组织群众自救互救和科学待援。因此，全民防震减灾素质教育和地震应急演练意义重大，普及防震减灾宣传教育是最大限度地减少人员伤亡的重要途径。③科学有效的应急管理体系。对于灾害尤其是大型灾害的应对，必须是科学有效的体系化运作。这个体系包括了灾前预防、灾中应急和灾后重建的整个过程，从国家到各省市县，再到社区，都需要有相应的应急预案，并且只有这样的应急预案被公众熟知，才能保证应急的有效性。④专业队伍的建设。在此次汶川特大地震中，由于滑坡塌方等次生地质灾害的影响，交通中断，专业救援队伍迟迟不能进入地震的重灾区开展救援。大量的救援行动在专业队伍到来之前便已开展。正是由于基层的服务组织和幸存的群众在震后较短时间内开展自救和互救，许多人才能劫后逃生。同时，在救灾现场，由于缺少专业救援设备，特警战士面对压在废墟中的孩子们也束手无策。此时，携带起重、顶撑、破剪、生命探测仪和搜救犬的专业救援队的作用就显得十分突出。此外，专业的心理干预团队也是必不可少的。因此，建立专业的救援和重建队伍，保持队伍的全面性和科学性，可最大限度地减轻人员伤亡和灾害损失。

汶川特大地震带给我们深刻的教训，我们应深刻吸取汶川特大地震的教训，提高减灾备灾能力，避免子孙后代再次经历同样的伤痛。

第三节　脆弱与韧性的综合体：5·12地震与灾区儿童

我们可以从地震中受灾儿童数量统计和儿童所受伤害影响的角度对儿童的脆弱性表现进行描述。与此同时，受灾儿童所表现出来的韧性和修复力，也说明了儿童群体的能动性，进而说明灾害预防、救助、灾后重建的每一个环节都需要关注儿童群体的主动性和建设性，要学会倾听儿童的声音。

在汶川特大地震的数据统计中，有69227人遇难，374640人受伤，17942人失踪，总受灾人数达到4624万人。虽然在灾后的数据统计分析当中，并没有与儿童受灾情况相关的受灾数据统计，但通过灾后出现的大量受灾儿童心理创伤恢复问题，结合前面章节中有关脆弱性的讨论，我们可以预见，无论是在物质方面还是在心理方面，地震灾害当中的儿童的御灾能力和恢复能力要远低于青年和成年人群，他们属于弱势群体。通常情况下，弱势群体承担更高的灾害风险，更容易受灾。我国灾害社会学学者周利敏提出，在灾害中，每一次受灾最深和最严重的群体都是弱势群体，如穷人、妇女、老人、儿童等。[①] 除此之外，在卡特的脆弱性因子汇总表数据源中，年龄也是重要因子之一，并且表现为幼年人口将增强脆弱性。

儿童在地震灾后的心理状态往往会通过一定的行为问题体现出来。灾区儿童通过一定的越轨行为来表达出心理状态和精神状态，但这种“越轨行为”是相对于普通儿童而言的，在灾区儿童之间这种行为是普遍发生的。在一项汶川地震灾区儿童行为问题的测评中，Achenbach 儿童行为量表(CBCL)[②] 的统计数据表现出这样三个特性：严重性、全面性和普遍性。[③] 报告显示，与全国儿童行为检出率的总体水平相比，汶川灾区儿童行为检出率高达 38.2%，比全国高出 25%，比成都高出 28%。与灾区前儿童相比，灾后儿童在诸多行为当中都存在越轨表现，诸如分裂样、交往不良、攻击性等。但灾区儿童行为是浅层表现，行为的背后有深层次的心理和精神原因。

地震灾害不仅为受灾群众的生命财产带来极大的损害，其灾后造成的心理创伤也是极为严重的，尤其是属于弱势群体的儿童。儿童在这一过程当中因其承灾能力薄弱，将更容易造成长期的心理创伤。根据儿童受灾前的个人经历和成长状态不同，灾害造成创伤的轻重和持续时间也会有所差异。随着时间的推移，部分儿童在不需要任何治疗情况下会自己慢慢恢复到灾前状态，还有一部分儿童会因多种因素而迟迟无法恢复，并最终发展成为“创伤后应激障碍”——由异常威胁性或灾难性心理创伤导致延迟出现和长期持续的精神障碍。[④] 美国精神医学学会出版的第四版《精神疾病诊断和统计手册》

---

① 周利敏. 西方灾害社会学新论［M］. 北京：社会科学文献出版社，2015.

② 在国内外儿童情绪和行为问题研究中，有三类较为权威的评价量表，包括 Achenbach 儿童行为量表（CBCL）、Conners 儿童行为问卷和 Rutter 儿童行为问卷，其中 CBCL 应用最为广泛，内容最系统。

③ 陈财琦，李艳，田卫卫，等. 汶川地震灾区儿童行为问题的状况及影响因素研究［J］. 华南师范大学学报（社会科学版），2009（4）：54-58.

④ 刘斌志，沈黎. 汶川地震灾后儿童心理创伤的表现、评估及重建［J］. 西华大学学报（哲学社会科学版），2009.

认为，创伤后应激障碍主要表现为下面几个症状：①重现创伤体验，受伤儿童通过回忆、梦境等重新体验创伤；②回避和麻木，受创伤儿童持续回避与创伤有关的刺激，对日常反应表现麻木，也可能对未来失去信心；③警觉性增高，受创伤儿童不面临创伤时也持续性警觉增高，难以入睡，注意力难以集中，有夸张的受惊反应。① 在经历过地震的强烈刺激后，儿童从心理创伤中恢复过来，需要在一定时间内经历不同阶段的恢复过程，所受的心理创伤将表现为以下几个阶段特征②：①地震后一个月内，儿童受创伤的情绪反映强烈，包括害怕、麻木、惊吓、困惑，行为反应则包括木然、没有反应、特别听话、爱哭、爱闹、黏人、噩梦、失眠、容易受惊吓等；②地震后一个星期到数个月不等，儿童受创伤的情绪反应可能包括生气、怀疑、急躁、淡漠、忧郁、孤僻以及明显的焦虑等，行为反应包括胃口改变、消化问题、头痛、噩梦、故意惹人生气等；③地震后一年以上，社会生活慢慢恢复，开始淡忘创伤经验，但仍有部分儿童会不断重复回到前一阶段；④康复与重建阶段，儿童已经自觉意识并接纳受创伤经验，并通过自我复原力以及外在帮助慢慢处理消极情绪，心理康复与重建正在进行。

在以往有关地震灾害的影响研究中，大多数都是讨论灾难带来的负面影响，但经历过一定时间的沉淀和反思，以及对受灾人群灾后发展状况的观察，越来越多的人开始关注灾难带来的积极影响，而韧性和创伤后成长就是被频繁讨论的两个热点概念。韧性是指个人面对生活逆境、创伤、悲剧、威胁或其他生活重大压力时的良好适应，它意味着面对生活压力和挫折的“反弹能力”③。韧性并不是一个什么新鲜词汇，它已经被广泛应用在研究儿童发展的领域。研究发现，绝大多数高韧性儿童在面对高危环境或事件后，都能从创伤的阴影中走出来，适应新的生活。因此，近年来人们普遍认为，对儿童进行适当的韧性干预，可以帮助他们更好地处理、抵御可能面对的突发状

---

① 张本，王学义，等. 唐山大地震所致孤儿心理创伤后应激障碍的调查［J］. 中华精神科杂志，2000，33（2）：111-114.

② 廖本富. 灾害后学校师生的心理康复［J］. 台湾教育学刊，1999，588（14）：23-26.

③ 于肖楠，张建新. 韧性（resilience）——在压力下复原和成长的心理机制［J］. 心理科学进展，2005，13（5）：614-617.

况或威胁。研究表明，个体的韧性水平与创伤后成长相关。[①]

创伤后成长在受灾儿童的灾后发展问题上得到广泛关注。创伤后成长是指个体在与具有创伤性质的时间或情境进行抗争后所体验到的心理方面的正性变化。[②] 在一项有关汶川地震的研究中我们发现，灾后一年的受灾人群创伤后成长的发生率为51.1%，且年龄越小，发生创伤后成长的可能性越大。[③]在讨论影响创伤后成长的影响因素时，学界普遍认为社会支持是最重要的外在要素之一。多项研究结果显示，社会支持的水平越高，带来的创伤后成长越多，这有利于受灾儿童面对创伤事件，甚至超越受灾前的适应水平。

关注受灾儿童灾后的心理创伤恢复和心理重建是一项长期和系统的复杂工作，物质上的支援并不能有效、彻底地帮助受灾儿童很快地创伤中走出来。只有关注他们心理创伤的恢复状况，关注他们在恢复过程中的行为问题，重视儿童创伤后成长的可能性，才可能更好地帮助他们。只有建立科学和完善的灾后心理救助体系，充分发挥社会支持的积极作用，为这些受灾儿童提供一个良好的社会环境和支撑体系，才能真正帮助他们从灾难的心理创伤中走出来，甚至发掘他们的力量和潜能，促进其灾后的创伤后成长。

---

① Nishi D，Matsuoka Y，Kim Y. Posttraumatic growth，posttraumatic stress disorder and resilience of motor vehicle accident survivors [J]. BioPsychoSoc Med，2010，4 (1)：1-6.

② Tedeschi RG，Calhoun LG. Posttraumatic growth：conceptual foundations and empirical evidence [J]. Psychol Inquiry，2004，15 (1)：1-18.

③ Xu JP，Liao Q. Prevalence and predictors of posttraumatic growth among adult survivors one year following 2008 Sichuan earthquake [J]. J Affect Disord，2001，133 (1-2)：274-280.

第六章

儿童友好家园：国际灾害社区儿童保护理念的本土化尝试

第一节　儿童友好家园：国际先进理念与模式本土化发展的典范

一、儿童友好家园项目发展历程与运作模式

“儿童友好家园”的英文全称为“Child Friendly Space”，缩写为CFS。它是5·12汶川大地震发生后，由国务院妇女儿童工作委员会办公室（以下简称“国务院妇儿工委办”）和联合国儿童基金会（以下简称“联合国儿基会”）共同合作的儿童保护项目，是国际灾后儿童保护先进理念本土化的典范。它旨在为灾区儿童及其家庭提供以社区为基础的游戏、娱乐、教育、卫生和社会心理支持等一体化服务，帮助灾区儿童尽快消除地震造成的不利影响，回归正常生活。其发展大致可以分为以下四个阶段。

（1）项目初创阶段。地震发生后，国务院妇儿工委办、联合国儿基会以及四川省政府妇女儿童工作委员会办公室（以下简称“省政府妇儿工委办”）共同组成专家团队，第一时间深入灾区进行实地考察，了解灾区儿童及家庭的现状和需求，并就家园的建立寻找合适场地、招聘家园志愿者，于2008年6月在四川省绵阳市安县（现已改为安州区）秀水镇试点建立了第一所儿童友好家园。

（2）项目试运行和摸索阶段。安县秀水镇儿童友好家园建立以后，儿童友好家园在灾区陆续得到推广，到2008年底，先后在绵阳、德阳、广元、成都、阿坝、雅安、凉山、攀枝花共8个市（州）的21个县（市、区）建立了40个家园。建成后的家园点根据各地灾区板房安置区的自然环境、建设规模、儿童数量与结构等差异，因地制宜地开展家园活动，并发动社区儿童和群众参与家园的管理。同时，针对项目工作人员缺乏相关专业知识的情况，国务院妇儿工委办和联合国儿基会开始组织专家团队对项目工作人员进行相关培训，以提升家园服务水平。

（3）项目成熟和常态化阶段。随着灾后重建的推进，儿童友好家园开始服务于灾后重建，家园的各项工作也渐趋稳定和成熟。首先，家园活动的内容更加丰富、形式更加多样，开展了除日常活动以外的主题活动、拓展服务，以及特殊服务等家园活动内容；其次，在开展针对孩子震后心理恢复活动的同时，也关注常态化下儿童发展需要的内容，并将家园服务带给其他社区人群；最后，家园逐渐搬离过渡板房，搬进了合适的、相对固定的场所，为更多的儿童及家长服务。

（4）推动项目的可持续发展阶段。按照项目三年发展周期，联合国儿基会的大部分经费支持将在2011年5月底结束。为实现项目的平稳过渡，在国务院妇儿工委办和联合国儿基会的指导与支持下，四川省政府妇儿工委办和相关市、县级妇儿工委办针对家园的可持续发展做了大量研讨与协调工作，并得到了四川省人民政府和家园所在地的党委及政府的大力支持。2010年7月，四川省人民政府办公厅转发了省政府妇儿工委办报送的《关于儿童友好家园可持续发展的实施意见》，明确各地儿童友好家园在项目结束后由当地政府接管，并对家园的场地、人员、经费等问题提出了具体要求。文件下发后，各相关市（州）、县（市、区）政府高度重视，纷纷制定出台可行性方案，贯彻落实文件要求。

为了在三年周期内（2008—2011）将儿童友好的国际理念更好地应用到灾后重建中，帮助更多的儿童及家长尽早从地震灾害中恢复到正常的生活社会中去，儿童友好家园项目以家园为载体，开展各项具体活动。各级妇儿工委办牵头探索总结，有利于项目实施的经验和模式，分别形成了富有代表性的“四川模式”“绵阳经验”等，深受灾区儿童和家庭的喜爱，受到灾区群众的普遍欢迎，为灾后儿童心理重建与灾区的和谐稳定做出了积极的贡献。

以家园为载体开展日常主题，保证项目顺利落地。儿童友好家园项目在四川地震灾区的落地后的第一步是40所家园日常活动和主题活动交错开展，为灾区18岁以下的儿童及其家人、其他社区成员提供包括卫生、保健、营养、教育、娱乐、运动、游戏、心理辅导及转介等在内的综合性服务。

家园活动是项目实现其功能的载体。项目运行三年中，各儿童友好家园开展了内容丰富、形式多样、适合儿童健全发展的活动。首先，40个儿童友好家园分别开展了包括游戏、体育、兴趣和技能培养、心理支持、卫生保健以及亲子活动在内的一系列丰富多彩的日常活动；其次，工作人员在充分考虑儿童需求及当地社区实际情况的基础上，开展了一系列覆盖社区、具有教育性和针对性的主题活动，如家庭教育讲座、儿童保护论坛、弘扬特色民族文化等主题活动；再次，家园工作人员扩大了家园活动的辐射范围，根据家园所在地及周边地区的实际情况积极进行拓展服务，并组织开展社区成员参与大型文艺活动、社区家庭知识讲座、家长和孩子对话以及联系医院免费为社区居民提供医疗检查等；最后，针对有特殊需求的儿童，家园工作人员在关心和爱护他们的同时，积极提供个案服务，对个别儿童及时进行服务转介，向专业人士和有关专家寻求对个案人员更有利的帮助。

儿童友好家园所在地的各级妇儿工委办牵头负责探索项目运行系统模式。在保证各地儿童友好家园日常活动正常开展的同时，为保证项目的高效运行，在国妇办和联合国儿基会的指导下，四川省各级妇儿工委办通过长期摸索，并结合基层志愿者的实践，总结出了一套适合自身发展的运作模式。

（1）以制度管理促项目运行。为加强儿童友好家园人财物的管理，明确家园工作人员的义务和责任，让来园儿童及家长享受高质量、更满意的服务，40个儿童友好家园制定了一系列切实可行的规章制度。如《儿童友好家园管理制度》《入园须知》《家园开放时间表》《安全制度》《突发事件应急处理办法》《家园开园安全告知书》等。这些规章制度较好地规范了家园工作人员的日常活动的开展，避免了可能出现的安全隐患，增强了家园应对突发事故的能力，为家园有序、高效的运行提供了保障。

（2）以协调与督导保障项目质量。儿童友好家园项目是在国务院妇儿工委办和联合国儿基会的共同指导下，由四川省政府妇儿工委办牵头实施，相关市（州）、县（市、区）妇儿工委具体开展的一项工作。在项目实施过程中，省、市（州）、县（市、区）各级妇儿工委办牵头，保障落实对项目人、财、物的管理，为儿童友好家园项目的顺利运行提供了很好的保障。

为了确保儿童友好家园正常运行，保证家园服务质量和效果，儿童友好家园项目实行了国家、省、市、县四级督导机制，督导人员通过现场观察，与基层妇儿工委办的项目负责人、家园工作人员、来园儿童、社区人员交流谈话以及查阅家园资料等形式了解家园运转状况，评估家园的运行质量，并提出切实可行的改进意见和要求，还对家园工作进行了技术指导和监测评估。督导和评估工作的相继开展，使得家园的管理更加规范、运作更加有序有效，项目运行期间先后共开展省级督导 107 次、市州级督导 112 次、县市区督导 492 次。

为交流儿童友好家园项目的运行情况，建立多部门合作机制，争取当地政府及相关部门的支持，探索家园可持续发展模式，省、市、县三级妇儿工委按项目要求，从 2009 年第 3 季度开始有计划地开展了项目协调会议。通过连续的沟通和协调，参会单位对家园的发展给予了宝贵的建议和支持。例如，有的成员单位积极向家园提供资金、物资支持；有的成员单位到家园开展防火、卫生等方面知识讲座；有的成员单位进行爱心倡导和捐助等。各方的关爱和帮助使友好家园项目得以顺利运行。到 2010 年底，项目共召开省级协调会 5 次、市级协调会 32 次、县级协调会 105 次。

（3）加强志愿者队伍建设保障。为更好地在灾区开展工作，各地儿童友好家园所在地的基层妇儿工委办牵头负责选聘了一批灾区群众作为项目志愿者。鉴于大部分志愿者缺乏相关儿童保护的专业知识和理念、实践经验不足、未受过专业训练的实际情况，自项目实施之初，妇儿工委办系统十分重视对家园志愿者队伍的能力建设，通过开展专业培训、家园实地指导来提升家园人员素质，并通过 QQ、电话等交流方式实现专家和志愿者的衔接。同时，鼓励家园志愿者不断地自我摸索和创新，并为其创造条件，以加强他们之间的内部学习和交流。这一系列举措提升了家园志愿者执行项目的能力和水平，保证了项目的有效实施。

（4）组建专家队伍为项目的顺利运行提供专业的技术支持。为加强各级妇儿工委办项目工作的能力建设，提升家园工作人员的专业素质，更好地服务灾区及社区的儿童与家长，国务院妇儿工委办和联合国儿基会针对实际工作的需要，组建了四支专业培训队伍，对项目工作人员开展专业素质培训：学前教育团队负责就学龄前儿童的问题对家园工作人员进行培训和指导，社工心理团队主要针对大龄儿童问题进行培训和指导，北大管理团队主要针对项目的管理进行指导，宣传团队主要负责对家园项目进行整体宣传。四支专业团队在技术支持上既突出不同领域，又互相补充，形成了一个有机的整体，及时地处理了家园在发展中所面临的各类专业困难。同时，专家团队还通过开展入园私访、搬迁后评估等工作，推动家园项目的有效运行。三年来，项目先后举办了省级及以上专家培训18次，专家亲临家园指导90余次，受训人员达6200余人次，在一定程度上推动了“儿童优先视角”工作的开展，取得了初步成效。

(5) 开展项目宣传，让儿童保护先进理念深入人心。为了扩大家园知晓率，吸收更多儿童来园活动，获得更多社会力量的支持，以及更大范围地推广儿童友好家园项目，在国务院妇儿工委办和联合国儿基会的指导下，各级妇儿工委办分别开展了多种形式的宣传推广活动。例如，通过报纸、电视、网络、简报、电子信息、海报、传单等方式进行宣传。由四川省政府妇儿工委办负责的《儿童友好家园月报》，每月一期，分发至全省21个市（州）、181个县（市、区）以及省级领导和成员单位，及时将40个儿童友好家园的最新动态和活动开展等信息在全省范围内进行宣传和交流。此外，四川省妇儿工委办还相继开发了画册、海报、折页等宣传品，协助中央电视台、《中国妇女报》、《四川日报》等媒体对儿童友好家园进行深度报道。

二、40所儿童友好家园点位布局

在5·12汶川特大地震灾害发生的第一时间，国妇办即刻组织儿童保护工作相关领域的专家团队深入四川省绵阳市安县灾区现场进行调研论证，此后与联合国儿基会共同合作、合力支持，于2018年6月初在四川省绵阳市安县（今为安州区）的秀水镇建立了第一所儿童友好家园（即秀水镇儿童友好家园），此后，儿童友好家园在灾区得到陆续推广，到2008年底，先后在四川省绵阳市、德阳市、广元市、成都市、阿坝州、雅安市、凉山州、攀枝花市共8个市（州）的21个县（市、区）建立了40个家园。其中21个县（市、区）分别为：成都市下辖的彭州市；攀枝花市下辖的盐边县、仁和区；德阳市下辖的绵竹市、什邡市、旌阳区；绵阳市下辖的江油市、北川县、平武县、安县（今安州区）；广元市下辖的朝天区、元坝区、青川县；广元市的利州区；雅安市的天全县、芦山县；阿坝藏族自治州的小金县、茂县、九寨沟县、理县和凉山州的会理县。相应地，40 所儿童友好家园依次分别为：成都市（共 3 所）彭州市敖平镇儿童友好家园、彭州市丽春镇儿童友好家园、彭州市天彭镇儿童友好家园；攀枝花市（共 3 所）盐边县和爱乡儿童友好家园、仁和区平地镇儿童友好家园、仁和区大龙潭乡儿童友好家园；德阳市（共 5 所）绵竹市九龙镇儿童友好家园、绵竹市汉旺镇儿童友好家园、绵竹市遵道镇儿童友好家园、什邡市红白镇儿童友好家园、旌阳区柏隆镇儿童友好家园；绵阳市（共 12 所）江油市李白大道儿童友好家园、江油市武都儿童友好家园、江油市三合儿童友好家园、北川县永兴儿童友好家园、北川县胜利儿童友好家园、北川县柳林儿童友好家园、平武县龙安儿童友好家园、平武县平通儿童友好家园、安县秀水儿童友好家园、安县沸水儿童友好家园、安县晓坝儿童友好家园、安县茶坪儿童友好家园；广元市（共 6 所）朝天区儿童友好家园、元坝区柳桥儿童友好家园、青川县乔庄儿童友好家园、青川县竹园儿童友好家园、利州区上西儿童友好家园、利州区大石儿童友好家园；雅安市（共 3 所）天全县城厢儿童友好家园、芦山县横溪村儿童友好家园、芦山县古城村儿童友好家园；阿坝藏族自治州（共 5 所）小金县美兴儿童友好家园、茂县滨河大道儿童友好家园、九寨沟县永乐儿童友好家园、九寨沟县永和儿童友好家园、理县杂谷脑儿童友好家园；凉山彝族自治州（共 3 所）会理县力马河儿童友好家园、会理县通安儿童友好家园、会理县小黑箐儿童友好家园。40 所儿童友好家园的分布情况如图 6-1 所示。

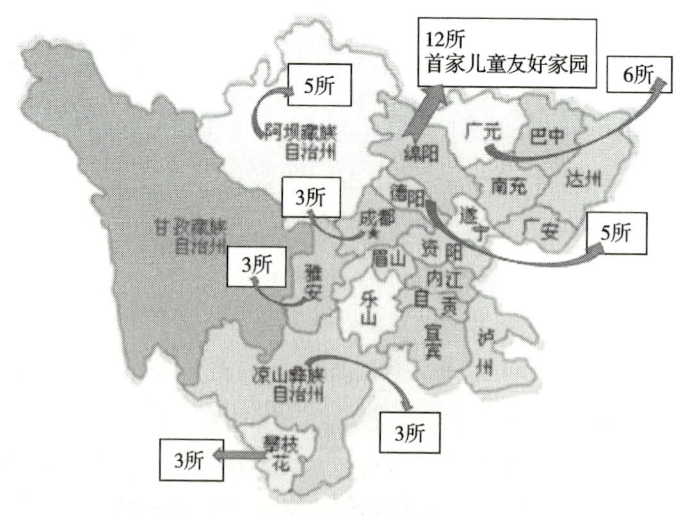

图 6-1　40 所儿童友好家园的分布情况

三、各地儿童友好家园运行简介

40所儿童友好家园的布局选择不是一蹴而就的，更非草率的决策。事实上，所有儿童友好家园的建立都遵循了能够更好地满足5·12汶川特大地震重灾区灾后重建的儿童保护需求的原则。儿童友好家园在当地既要符合区域方位的安全要求，即儿童友好家园首先是一个安全的空间载体，又要能够满足多数儿童的地震创伤后恢复的需求，即建立在儿童人数较多、家长和社区群众人口比较密集的地方，还要能够有益于安置转移的儿童及家长群体更好、更快地融入当地生活环境，可以说，儿童友好家园在当年很好地帮助当地儿童及群众实现了灾后的平稳过渡。

1. 成都市彭州市敖平镇儿童友好家园

敖平镇儿童友好家园于2008年10月正式开园。开园之初，它建址于成都市彭州市敖平镇楠桥板房安置点第103幢，2010年7月，家园迁址到敖平镇综合文化站内。新址的场地、房屋等硬件设施十分安全，有利于儿童各类活动的开展，家园的工作人员由4名富有幼教及社会工作经验的专职工作人员组成，还吸纳了10余名志愿者。

根据儿童年龄特点和心理需求，敖平镇儿童友好家园开展了丰富多彩的活动：①工作人员和志愿者坚持每天与来园儿童及其家长进行交流，了解家园所在地儿童与家庭的日常生活。调查了解儿童及其家长对儿童友好家园的满意度和需求，征求他们的意见和建议，并及时对工作进行调整。②开展各项常规分区自由活动。在日常活动开展中，家园设置了不同的区位划分，如图书区、亲子游戏区、少年活动区、电化区、运动区等，分区分类开展各项活动。③开展常规集中活动。针对6岁以上的儿童，开设兴趣班教学以及开展丰富有趣的游戏活动，如美术、舞蹈、音乐等文娱活动；定期举办成果展示，如儿童画展、文艺会演等，培养儿童才艺，提高儿童的学习积极性；进行游戏活动，如“有趣的接力赛”“象棋比赛”“成语接龙”“斗牛”“抢椅子”“声声相识”“小厨师”“下雨”“桃花朵朵开”等。针对0～6岁儿童及其家长，定期开展亲子活动，活动主要以音乐、儿歌、运动等多种形式活动为主。如“荡秋千”“踩气球”“我和妈妈齐动手”“给小鱼穿衣服”“手指游戏”“玩转彩虹伞”“亲子绘画活动”“亲子手工活动”“亲子二人行”等。④针对孩子年龄特点和需求，在节假日开展相关主题活动。主题活动的开展主要是由家园工作人员和部分儿童组织和策划，积极利用了元旦节、春节、家园生日、母亲节、六一儿童节、教师节、重阳节、圣诞节等节日契机，开展具有主题教育意义的活动。每次活动工作人员本着儿童优先的原则，尽量听取家园儿童的意见和建议，让活动开展得更好。这类活动的开展，丰富了家园所在地的文化娱乐生活，增强了儿童安全意识和自我保护意识，锻炼和培养了儿童各方面的能力，提高了家园的知晓度，也让更多的儿童及其家长了解家园。⑤开展了专门针对提升安全意识和自我保护意识的各类主题活动，以增强儿童的自我保护能力，让儿童在互动和娱乐中逐渐提升安全意识，进一步促进儿童的健康发展。在工作人员的组织下，还开展了“安全起航”十节小组活动和“饮食安全与我伴行”八节小组活动。活动所选择内容都以人为本，很贴近儿童的生活，便于儿童开展实践活动。在丰富儿童课余生活的同时，还能培养儿童的多方面的能力，使儿童在快乐中学习。活动的开展，增强了儿童的安全意识和自我保护能力，进一步加深了组员之间的认识，同时让儿童掌握了一些有效的安全常识，懂得远离危险。⑥开展回访调查和广泛宣传活动。家园工作人员通过走访了解所在地的儿童、青少年及其家长，了解了他们的基本信息，并向他们介绍了儿童友好家园的相关情况，征求了他们对家园建设的意见。同时，家园工作人员也利用群众集聚的场所散发宣传单、宣传标语、宣传栏、走村入户、倡议书等各种形式，向社区居民宣传儿童友好家园，及时将家园开展活动的信息、总结、图片资料等上报省、市妇儿工委办，争取上级的指导和宣传，让更多的群众了解儿童友好家园，使越来越多的儿童享受到家园带来的快乐。通过努力，社区居民对家园的知晓度达95%以上。⑦开展流动服务，不断拓展儿童友好家园的服务范围。为了扩大家园的知晓度，让更多的儿童分享到家园的资源，家园工作人员根据社区的需要主动开展流动服务，将儿童友好家园的玩具、图书等资源送到附近小学、幼儿园及其社区。开园以来，家园开展外展流动服务6次，这类活动的开展让更多的儿童知道家园，并感受到家园的温暖。⑧注重发挥儿童群体的主体作用，在倾听儿童声音的同时，做到让儿童参与其中。自2008年10月正式开园至2011年5月项目结束，敖平镇儿童友好家园共惠及0～18岁儿童约1993人，共接待儿童51061人次，家长4800余人次，所开展的活动得到了当地家长的好评和儿童的欢迎。

2. 成都市彭州市丽春镇儿童友好家园

2008年9月，彭州市丽春镇儿童友好家园正式建成开园。建立初期正处于当地灾害重建的关键时期，可谓百废待兴，所以最初的丽春镇儿童友好家园被设置在当地的板房内。家园成立后，家园工作人员首先对灾后儿童及其家庭生活习惯的变化进行了重点走访和观察。按照“心理干预—引导参与—促使改变”的工作思路，反复向儿童及家长讲解地震知识及相关防震减灾知识，利用联合国儿基会配发的房屋构建玩具来组织儿童开展构建游戏，其目的就是对儿童不断进行心理暗示，暗示他们倒塌的家园很快就会重新建设起来，并且会建设得比原来更好、更漂亮。在日常走访中，家园工作人员了解到有一部分儿童震后不敢进入新建板房内睡眠或活动，他们便组织儿童参观临时过渡板房的搭建，请搭建板房的工作人员向儿童讲解板房的防震性和安全性，让儿童了解板房与普通房屋的区别以及对余震的抵抗性能。同时，在日常活动中尽可能多安排集体活动，让儿童感受到团结互助、相互关爱。家园的成立给儿童提供了一个安全、温馨的活动和生活空间，也帮助他们克服恐惧、战胜心理危机，有助于他们尽早平稳地过渡到常态生活。2010年7月彭州市丽春镇儿童友好家园搬进了永久性的新家——彭州市丽春花街社区居民活动中心。在坚持全天开放服务儿童的基础上，家园积极融入政府和社区服务体系，发挥专业和亲和力的优势，弥补政府、社区服务体系的不完善。把个案儿童、问题儿童、残疾儿童、留守儿童以及家庭困难儿童作为服务和救助重点。建档登记了留守儿童、残疾儿童、家庭困难儿童、单亲家庭儿童以及家庭不和谐的儿童的情况。在掌握实际情况后，对来园不便的残疾儿童采用送玩具、送书籍上门、定期更换的服务方式，对家庭困难的儿童也采用同样的服务方式。对于问题儿童和留守儿童，发挥儿童友好家园的亲和力，带领他们进入儿童友好家园集体中，参加集体活动，多与其他儿童交流，感受纯真的友谊和同龄人的关怀，让儿童帮助儿童进步和改变。

3. 成都市彭州市天彭镇儿童友好家园

天彭镇儿童友好家园最初建立在彭州市新兴镇，后搬迁到锦阳社区。该社区是2007年新成立的社区，大部分社区居民是被征地后的失地农民，也有部分社区居民是地震之后需要安置的农村灾民，居民来自周边多个村镇。该小区当时还处在建设之中，小区内的各种配套设施完全处于在建状态。根据当时的户籍登记记录，仅仅是入住的一期居民，常住人口就达到了4000

人左右（未包括大量租房居住人口及民工等流动人口），其中 0～6 岁儿童 368 人，7～12 岁儿童 412 人，13～18 岁儿童 337 人。从分散居住的农村一下子变成了集中居住的城市居民，青壮年外出赚钱做农民工，老人留下来看家带孩子，社区儿童实际上大多数处于留守或半留守状态。天彭镇儿童友好家园搬迁到锦阳社区以后基本上保证了每月都要开展至少一次的大型主题活动。针对工作日和周末来园儿童的年龄差异，周一到周五侧重于开展亲子教育、活动，周六和周日侧重于开展主题活动，如国学启蒙、兴趣特长、手工绘画等。家园切实贯彻“儿童优先”的原则，秉承“一切为了孩子，为了孩子的一切”的服务宗旨，携手社区、家长、相关部门、单位以及大学生志愿者团队和社会各界爱心人士，在家园工作人员和家园家长委员会、儿童委员会的共同努力下，以儿童喜闻乐见的形式开展了形式多样、内容丰富的主题活动，主题活动方案以“德、行、智、美、劳”为出发点，真正让儿童在游戏中学习，在快乐中成长。

4. 攀枝花市盐边县和爱乡儿童友好家园

和爱乡儿童友好家园最初建在和爱中心校内幼儿园，园内配有室外幼儿活动设施设备、教育教学用具、幼儿读物以及幼儿基本的生活饮用水设施等，还设置了一间较大的教室作为家园专门活动室。家园从创建开始就根据儿童友好家园的建设要求不断完善，组织招募了相关从业背景的全职人员，建立健全了家园制度等。家园工作人员结合实际制定了《儿童友好家园管理办法》《儿童友好家园人员岗位制度》《儿童友好家园设备管理制度》《儿童友好家园安全管理制度》《儿童友好家园幼儿活动制度》，同时，制定了教学计划、物资管理制度，分工明确，责任到人，各项制度落实到位，并做好了记录、归档工作，定期召开各项工作专题会议，研究相关工作。

除了基础设施和制度建设，家园的活动也是丰富多彩：①大型主题活动。家园分别开展了“欢庆六一”主题活动、“欢庆十一，祝福祖国”主题活动、“喜迎元旦诗歌大赛”、“家园、校园共同成长”艺术节主题活动、“家庭教育”主题活动、“新家园文化墙布置”、“冬季运动会”、“庆圣诞（绘画、手工、书法）”大赛。②节假日活动。分别开展了三八妇女节手工活动“送给女长辈的礼物”、清明节主题活动、攀枝花建市纪念日绘画比赛“我心目中的攀枝花”、“家园周边环境治理”活动、“5·12 两周年纪念”大型书画活动、“六一月”与学校联谊艺术节、假期安全教育活动、中秋“团圆”、妇女节“送给妈妈的一幅画”、“人栽一棵树，满园添春色”植树活动。③特色活动。和爱儿童友好家园位于和爱彝族乡中心小学校内。这里有浓厚的彝族特色，其中，彝族的锅庄活动简单而且参与性高，特色活动主要围绕这个主题开展，包括彝族歌曲活动、彝族服饰的宣传活动、彝族特色文化活动的交流和彝族集体锅庄舞活动等。通过固定服务和流动服务的形式，把儿童友好家园的服务理念带进广大儿童、群众的生活中，丰富了农村儿童单调、枯燥的生活空间。

5. 攀枝花市仁和区平地镇儿童友好家园

平地镇是一个贫困的少数民族山区，居住在这里的人们大部分都属于彝族，有14000多人。地震灾后，校园和房屋受损严重，儿童服务设施落后。2008年8月，儿童友好家园走入孩子们的生活，灾区儿童有了一个可以活动的场所。家园工作人员组织带领，为当地儿童组织开展丰富多彩的活动，让彝家的孩子们有了快乐的家园和健康成长的摇篮。

家园认真组织开展好各类活动：①户外活动。在户外活动方面，开展了常规性的保健、教育、娱乐、游戏、体育等活动，家园工作人员积极创编了一些具有教育性和娱乐性的游戏活动，促进儿童的身心健康。②主题活动。家园开展了多种主题活动，如以“关爱留守儿童”为主题的“我们一起过中秋”活动、以“保护环境卫生”为主题的“城乡环境治理我参与”活动、以“培养孩子学习自信”为主题的“放飞希望”等。一次次的主题活动给家长和孩子都带来了不同的影响、不同的感受。③儿童保护和家教宣传活动。家园组织开展了儿童保护宣传和家庭教育培训活动，组织当地志愿者和儿童进村入户宣传“儿童疾病预防”“怎样解读儿童心理健康”“关爱儿童，保护儿童权利”等。经过多次培训宣传和相关活动的开展，帮助当地家长开始重视孩子的心理健康和身体健康，教育引导孩子，和家园老师一起努力，共同科学地关心孩子的点滴进步。④兴趣小组活动。为了帮助社区儿童在各种活动中健康成长，重拾生活的信心和勇气，家园开展了丰富多彩的兴趣小组活动，如美术兴趣小组、剪纸兴趣小组、山歌兴趣小组、舞蹈兴趣小组、民俗文化兴趣小组、民间体育兴趣小组、刺绣兴趣小组等。⑤流动服务活动。家园在各村小学设立儿童友好家园服务点，联系当地村子的小学和教师每月到每个点送活动一次，让平地镇绝大多数儿童都能享受到儿童友好家园带来的快乐。家园还通过家访、发放宣传单、办黑板报、挂宣传标语、倡议书、竞赛等形式，加大宣传力度。家园为当地社区儿童提供了丰富多彩的活动和服务，三年共服务儿童及家长86000余人次，惠及儿童和家长8000多人。

6. 攀枝花市仁和区大龙潭乡儿童友好家园

在儿童友好家园落户大龙潭乡的近三年时间里，从房屋建立、物资搬运、技术培训、服务儿童到家园运行正常，家园从一个新事物发展到儿童熟悉且喜爱的乐园。一路走来，丰富多彩的活动弥补了儿童生活的空白，大龙潭乡儿童友好家园已成为灾区儿童快乐成长的摇篮。

家园活动丰富，主要有以下几种活动：①家园日常服务。充分利用家园的人力资源，合理安排家园服务时间，满足儿童及家长的入园活动。儿童上课时，家园的主要服务对象是学龄儿童及家长，特别注意对儿童潜能的开发和引导。组织亲子活动，指导家长从正面引导孩子健康成长，帮助家长分析儿童心理，解决家长在家庭教育中遇到的困惑。课余时间，家园活动室、图书室全部开放，在小小志愿者的帮助下，各类活动都有人负责，各项活动如期开展。周末，为了保证入园儿童的途中安全，家园尽可能地让周边的儿童来园活动，较远的儿童则采取流动服务的方式进行。寒暑假期间，家园在组织常规活动和特色活动的同时，利用大龄儿童的特长，为家园美化环境，协助志愿者筹划活动方案、收集资料，指导其他入园儿童完成假期作业和兴趣小组开展活动，使儿童在家园度过愉快而充实的假期。②流动服务活动。大龙潭乡儿童友好家园落户大龙潭乡裕民社区，虽经搬迁至中心校内，但仍是大龙潭乡文化交流活动中心，家园服务覆盖范围仍然很集中。结合当地实际，家园采取固定服务与流动服务相结合的服务方式开展工作。在家园，志愿者在家园小小志愿者的协助下，努力为中心703名儿童服务，开展读书活动，开办绘画班、书法班，利用家园音响组织入园儿童进行舞蹈排练、球类活动、体育活动，教学龄儿童玩玩具、拼图游戏，灵活运用家园物资培养儿童的兴趣爱好，发展儿童特长。为了使更多的儿童及家长受益，大龙潭乡儿童友好家园合理安排时间，工作人员和志愿者带上玩具、图书等，先后到乡属的七个村组进行流动服务。家园为儿童提供了自我展示和锻炼的平台。活动的开展，带动了广大儿童和家长参与其中。儿童委员会的成立，使入园儿童有更多的共同语言来交流，组织活动更具有针对性、更有时效性，宣传力度更大。通过活动，儿童的各项特长、各种兴趣爱好都得到培养，在同伴的影响下，儿童参与的积极性更高。③关注特需儿童。家园总是去接纳、安慰、了解周围的特需儿童，给予他们力所能及的帮助。借用中秋节的机会，将肢体残疾、孤儿、智障、先天性疾病患者、留守儿童、心理障碍等共86名儿童组织起来，由家园志愿者和小小志愿者陪伴，度过一个有意义的中秋节。在平时的活动中，让其他儿童主动去接近他们，鼓励他们参与活动。通过活动的开展，使特需儿童感受到群体的温暖。④儿童教育和儿童保护的宣传。家园在开展的家访活动中，充分了解到当地的多数家长在孩子的教育问题上有很多分歧。家长文化素质不一样，家庭教育盲目性太强，有相当一部分家长都希望孩子将来有出息，却又不知如何引导、教育孩子，更不懂得尊重和保护儿童的权利。生活中“唯我独尊”的家长作风、简单粗暴的家教方式，使部分孩子形成了怯懦、孤僻的性格。在家园活动中，志愿者们也常常听到儿童对家长的不满。因此，家园开展了“儿童的心声”活动。为改变家长对家庭教育的误区，家园精心组织，有计划地开展家庭教育和儿童保护宣传活动，有针对性地提供各类宣传材料让家长参考。与此同时，当地市妇联还联系市家教讲师团，他们在区妇联的陪同下到家园进行家教培训，帮助家长解决一些生活中最常见的教育孩子的错误做法，并提出很多合理化建议。家园还充分利用身边的对家庭教育有丰富经验的家长当导师，指导其他家长们从正面教育孩子健康成长。家园也通过培训、宣传、征文、绘画活动、文体活动来宣传儿童保护理念，让家长感触很深。家长委员会的成立，使家长能参与到家园日常活动的策划和组织中，对教育孩子也起到监督和指导作用。⑤社区联动。自家园开展服务工作以来，所有活动都紧紧与政府、社区、卫生系统、学校、派出所联系在一起，有了各部门的支持，家园活动的开展更具有可操作性，影响力度更大。三年时间，家园服务儿童88000余人次，惠及儿童及家长近10000人。

7. 德阳市绵竹市九龙镇儿童友好家园

绵竹市九龙镇儿童友好家园位于灾后重建的绵竹市九龙学校新校园内，校内环境优美，是可供家长和儿童共同学习和活动的园地。家园室内活动室占地120平方米左右，室内设有“健身园”和“开心园”，同时还创建了心理咨询室，卫生保健、阅读、篮球、绘画、手工等在园内有明显区域划分。家园室外活动室占地600平方米左右，还增设了植物园和花园两个室外园区，为孩子们提供了更加充足的活动空间。家园内设施设备齐全，能充分满足进园儿童和家长的活动与学习。

家园日常活动形式多样，活动设计涵盖各个年龄层次的儿童，室内活动包括阅读、绘画、沙盘游戏、看动画片、学唱歌跳舞、自己动手做手工、玩各种小游戏等。室外活动包括种植时令蔬菜花卉、在活动场地打球、踢毽子、跳皮筋以及玩各种心理小游戏和小比赛等。活动内容丰富多彩，深受儿童的喜欢。除了日常活动，家园还组织开展了许多大型主题活动等。为了扩大家园的辐射范围和更大地发挥家园关心和帮助儿童的作用，家园不定期地开展深入家庭和社区的活动。家园深入家庭和社区的活动形式也多种多样：曾多次深入家庭，对孕、产妇女进行育儿等各方面知识宣传；多次深入走访地震中遇难学生的家庭，关注这些家庭中的新生儿童情况，并就新生儿童的饮食、安全、性格形成等各方面进行指导；深入特殊儿童家庭对儿童进行心理辅导，关注儿童的成长，对家长家庭教育进行建议和指导；多次组织深入社区，对社区居民和社区商户进行家园的宣传活动，欢迎他们参加家园开展的各种活动；多次深入留守儿童家庭，与儿童沟通，并邀请家长与儿童到家园参加活动；家园还不定期根据情况深入社区宣传安全健康，如对儿童意外的预防措施，爱护眼睛、预防近视的宣传，疾病预防宣传等；家园还根据社区的特点，组织开展了针对家长的家庭教育培训会，开展亲子活动等，深受儿童和家长的喜爱和欢迎。

8. 德阳市绵竹市汉旺镇儿童友好家园

2008 年 10 月 16 日，汉旺镇儿童友好家园正式成立。家园的日常活动较为丰富，积极在家园开展法制宣传、体育锻炼、家庭教育、敬老爱老、环保等活动，同时，还根据每年的重大节日，如妇女节、植树节、劳动节、端午节、儿童节、建军节、建党节、国庆节、元旦节，设计开展了儿童活动，深受当地儿童和家长的喜爱。除此之外，家园还对周边的特需儿童进行挖掘，并对他们进行慰问和心理辅导。绵竹市汉旺镇儿童友好家园在上级领导的关心、支持、帮助和指导下，在家园工作人员的共同努力下，有序地开展各项工作，竭尽所能地为当地儿童提供切实所需的服务。

9. 德阳市绵竹市遵道镇儿童友好家园

遵道儿童友好家园最初也建立在板房区，家园根据实际情况，经过一系列调整，在板房区配备了 4 个活动室：亲子活动室，约 60 平方米；体育活动室，约 60 平方米；阅读室，约 15 平方米；手工操作室，约 15 平方米。一个工作人员办公室，约 30 平方米。2009 年 6 月中旬，遵道镇儿童友好家园搬入了永久性住房，这是由万科集团援建的，设在当地一个幼儿园内，配有 1 个约 110 平方米的多功能活动室和一个约 30 平方米的办公室。2011 年 1 月，由于特殊原因，家园搬到了社区，也配备了一个 100 平方米的活动室，家园经过努力，吸引了很多社区儿童。家园每月都有大型活动，每周、每日都有常规活动。

10. 德阳市什邡市红白镇儿童友好家园

什邡市红白镇儿童友好家园是在 5·12 汶川特大地震后，由联合国儿基会和国务院妇儿工委办共同援建的儿童保护综合服务机构，于 2008 年 9 月初在红白镇最集中的板房安置点——星河小区落户。当时家园共有板房 4 间，每间约 20 平方米，室外活动场地近 200 平方米，工作人员 4 人，主要服务于星河小区 813 房来自 3 个村 1 个居委会的 187 名儿童。当时家园是儿童唯一的去处。家园不仅白天开放，还坚持晚上开放。为配合红白镇的灾后重建，家园于 2009 年 10 月份搬迁到板房学校过渡。2010 年 5 月份，在北京援建还没有正式将红白镇群众文化活动中心交付使用的情况下，在市领导的高度重视下，在市妇儿工委办的协调下，在红白镇人民政府的大力支持下，家园第一个搬迁进了红白群众文化中心，拥有了很好的室内场地。现在家园有两间活动室，近 300 平方米，室外面积 100 平方米。为了方便儿童们来园，现在家园坚持每天按时开放。家园一直本着“一切为了孩子，为了孩子的一切，为了一切孩子”的宗旨开展综合性的服务。三年来，家园开展了丰富多彩的活动，得到了社区、家长和儿童的喜爱和好评。

家园从开园之初就成立了儿童委员会和家长委员会。家园工作人员分工合作，通过前期的走访调查，为当地的孩子们建立了儿童信息档案，根据掌握的儿童信息，因地制宜地制订了家园的开放时间和活动年计划、月计划和周计划。为了给孩子们创造一个好的活动空间，家园工作人员都把活动场地布置得活泼而温馨，坚持每天打扫家园卫生，每周一次大扫除，每周检查家园的安全（破损玩具、桌椅、插座、门窗），有需要修复的，及时进行了修复，确保家园活动场地的安全。从开园之初，家园就在社区和学校张贴海报，宣传家园功能，还入户调查和宣传。随着活动的开展，家园运用了更多、更有效的宣传方式：家园每月开展一次流动服务，将家园的玩具包、体育包等带到偏远山村去开展活动，既丰富了山区儿童的生活，也对家园进行了有效的宣传；在社区开展活动时，组织儿童委员会成员在社区进行口头宣传；在社区张贴海报和书写展板，宣传儿童权利；在集镇和学校悬挂横幅和发放宣传单，进行儿童保护、反家庭暴力宣传；利用宣传车下乡开展家庭教育宣传。这些宣传活动的开展，让当地的村民了解了家园的功能，保护儿童权利的理念也在当地得到传播，家园得到了社区的支持。红白镇儿童友好家园为红白镇儿童提供了一个健康、愉悦、安全、舒适的活动空间，在三年时间内，家园共惠及儿童 1149 人，接纳儿童 45300 多人次，接纳家长 2476 人。

11. 德阳市旌阳区柏隆镇儿童友好家园

柏隆镇儿童友好家园建立于 2008 年 9 月。建立之初，为了提高家园的知晓率，提高儿童参与度，家园通过广播、会议、宣传海报的形式，向镇、村进行了宣传，明确了家园的活动时间和内容，同时开展以“我成长、我快乐”为主题的大型宣传活动，让更多的儿童、更多的家庭了解家园的情况，更多地参与到家园的各项活动中来。家园还建立了来园儿童活动登记和信息登记台账，及时对周边儿童和来园儿童进行了登记和建档。同时成立了家长委员会，建立了家园联系制度，结合儿童成长规律和成长活动，编制了家园活动计划和安排。家园老师坚持家园每周计划、每月计划、每季度计划、来园登记、儿童个案收集、走访了解等工作。通过深入了解来园儿童在园情况和在家情况，认真观察儿童特殊行为，及时与家长沟通交流，找出存在的问题，分析原因并讨论相应的措施，帮助孩子回归正常生活。同时，对儿童个案进行登记备案，对特殊儿童进行特别关注，使家园工作重点突出，更有针对性和实效性。

12. 绵阳市江油市李白大道儿童友好家园

江油市李白大道儿童友好家园在建园之初设在江油市李白大道灾民板房安置区南区太平镇学校内。当时服务区内有中坝、太平镇辖区内 27 个村（社区）的灾民近 28000 余人，其中，未成年人 3200 余人，12 岁以下达 1920 人，有临时社区服务站 7 个。家园于 2008 年 10 月 18 日开园，经过 15 个月的运行，随着太平镇学校重建工作的结束，李白家园于 2010 年 1 月 27 日与学校一起搬入永久性住房，新家园共有室内活动场地 110 多平方米，办公室一间，约 40 平方米，与学校共用的一间大的阶梯教室近 200 平方米，室外活动场地宽敞、安全。2010 年 9 月，根据活动开展需要和学校统筹安排，家园搬入一间近 300 平方米的大活动室内。工作人员根据家园的独特位置，设计规划了富有家园特色的室内外环境，为来园儿童带来家的感觉。新的家园环境布置完成后，家园工作人员召开了儿童委员会和家长委员会联席会议，制定并完善了家园各种规章制度，并严格按照制度规定进行运作。

李白大道儿童友好家园自开园以来，一直秉承以“以儿童为中心，维护儿童权利，促进儿童参与”为宗旨，根据儿童年龄特点，设计开展了有利儿童身心发展的各种活动：①家园常规活动开展有序。家园建园之初，由于工作人员对工作不太熟悉，他们只能尽自己所能为来园儿童提供玩具、画笔、纸张、图书以及一些体育器材供儿童来园玩耍，活动仅仅只是一些趣味性的小游戏。随着时间的推移，不断的培训使工作人员能力得到提升，家园在活动方法和内容上得到了改进，对普通玩具的使用有了创新，活动的计划性和科学性增强，来园活动的儿童的数量不断增加。搬进永久性住房后，活动室面积增大，安全性增强，常规活动更是被工作人员演绎得淋漓尽致，得到了家长和儿童以及社区居民的好评。家园将爱心人士对灾区儿童的厚爱，落实到了每一个受灾儿童身上，把家园作为社区综合性的活动的补充功能发挥到了极致。②主题活动异彩纷呈。家园工作走上正轨后，家园在每个季度和大型节假日都开展了有针对性的主题活动，先后开展了“预防家庭暴力儿童生活技能培训活动、家庭教育活动”“灾区儿童保护活动”“快乐寒假”“成长驿站快乐暑期系列活动”“儿童论坛”等大型主题活动。每逢大型节假日，家园为儿童组织了各种庆祝活动，通过开展活动，家园为儿童提供展示自我、锻炼能力、提升自信的机会。李白大道儿童友好家园三年来共接待来园儿童 25846 人，共 235258 人次，接待家长 2400 人，共 6832 人次。各种常规活动和主题活动的开展，深受儿童和家长喜爱，家园真正成了儿童每天流连忘返的乐园。

13. 绵阳市江油市武都儿童友好家园

由于武都中心幼儿园的教育及辐射作用，江油市武都儿童友好家园于 2009 年 4 月从武都五通村搬迁至武都中心幼儿园。在幼儿园，家园有了固定的活动室，设立了家园的各项工作制度，招募了 4 名富有经验的工作者。在园内，家园拥有独立的活动室，设置了 0～3 岁儿童及其父母的图书阅读区域、3～6 岁儿童区域、6～12 岁儿童区域、12～18 岁孩子户外活动区域。区域的合理设置，符合儿童友好家园针对不同年龄段开展活动的特点。为了扩大宣传、促进工作，家园通过宣传单、横幅，集中街头宣传等方式，向儿童、家长、社区全方位地宣传家园的各项功能，达到了良好的效果。家园严格按照项目要求，做好家园服务工作：①建立健全了家园的管理机制，规范了基本的家园安全管理制度、物资管理制度、财务管理制度以及家园工作计划、档案管理制度。②建立了家园委员会制度和家园儿童发展委员会制度，并对其做了进一步的发展，为家园以后的工作提供了最坚实牢靠的家庭基础。这些制度的建立，让家园在以后的工作中有据可依、有规可循，能够提供一个长期稳定发展的空间。③建立家园对外合作制度。家园的各项工作和发展得到了很多外界的帮助，尤其是社区家庭的支持，家长委员会的建立，标志着家园的发展更加透明化民主化，得到了家庭的支持与社区的支持。

14. 绵阳市江油市三合儿童友好家园

江油市三合儿童友好家园于 2008 年 10 月 15 日成立，位于三合镇江电板房京江二社区，共有活动板房 5 间（3 间不同年龄段儿童活动室、1 间图书室和 1 间办公室）、1 名园长和 3 名工作人员，均为女性。家园附近卫生院、警务室、消防站、便民超市等，功能设施一应俱全。家园在运行期间，遵守儿童友好家园开办宗旨，秉承儿童保护理念。

家园有序开展常规工作，通过发放宣传单、张贴横幅，深入儿童家中、社区等，多种形式、全方位地对家园进行宣传。三合儿童友好家园工作人员始终坚持“儿童优先”的原则，做好日常安全、卫生、消毒防疫、儿童保健等工作。制定适合本家园的活动方案，认真开展符合各年龄段儿童特征的游戏、娱乐和教育活动。家园利用节假日开展一系列丰富多彩的活动。家园按照制定的家庭教育计划，召开了家园、社区、家长联系座谈会，并于每个季度邀请当地学校的德育教师来园开展一期家庭教育讲座。

15. 绵阳市北川县永兴儿童友好家园

北川县永兴儿童友好家园所在社区是由北川县老县城幸存下来的居民组成的，这些人在心理和生理上都受到了不同程度的创伤。家园针对北川地震灾区的特殊情况，开展了很多大型主题活动。家园还在每年的新春佳节到来之际，组织社区群众及儿童开展多种多样的趣味活动和心理抚慰培训。通过各种活动及培训，当地幸存的儿童和灾区群众都露出了笑容。家园全年共组织板房妇女进行羌绣绘画、针法和色彩搭配培训会 10 余场，让她们绣出的作品更加美观、大方和实用，并多次组织羌绣大赛，评比参赛作品。家园为了帮助灾区妇女以崭新的面貌入住新家园，组织灾区妇女举行了一场“文明礼仪培训课”，专门邀请绵阳师范学院的米老师对大家进行讲解和传授。内容包括日常礼仪、电话礼仪、语言沟通艺术、社交礼仪、形体着装艺术等。活动的宗旨在于力求通过规范妇女言行举止，促进妇女自身修养、综合素质的提高以及文明习惯和心理健康的养成，进一步改变灾区妇女的形象。

北川县永兴儿童友好家园历经三年时间，共接待儿童达万余人，举办各类大型活动 28 次，举办安全、心理卫生知识讲座 18 余次，家庭教育知识讲座 32 期，组织儿童参加环境保护活动 9 次，组织开展中华经典诵读大赛 2 次，发放市民文明常识、安全知识宣传资料 5432 余份，开展入户调查走访 5432 余户，建立特殊儿童个案 84 余人。

16. 绵阳市北川县胜利儿童友好家园

北川县胜利儿童友好家园也是在地震灾区建立起来的。为了扩大家园在周边村社的影响力，提高儿童友好家园的覆盖面，扩大服务功能，家园通过走访、发放宣传资料、张贴海报、标语横幅、群众口头宣传、开展主题活动及兴办暑期兴趣班等多种形式，开展了一系列宣传活动。家园到村社走访达 60 次，走访儿童家庭 520 户，在板房区、廉租房和街道发放儿童友好家园宣传画、家庭教育宣传资料、家园宗旨、服务内容宣传手册 15000 余份。家园通过各种宣传活动，使当地的儿童和家长们更加全面地了解儿童友好家园，并积极参与到家园的各项活动中来。家园还进行了队伍建设和职责分工，使家园的工作顺利展开。家园还吸纳了各个大学的大学生志愿者，为家园的建设添砖加瓦。为了提高家园工作人员的工作能力，家园工作人员参与了联合国儿基会和国务院妇儿工委办以及省、市、县妇儿工委办举办的培训，在培训中，专家、教授等专业人士为家园老师答疑解惑，提供了专业的技术支持。家园为了拓展服务，和技术培训部门与社区重建等社区项目结合，开办羌绣培训班，让当地妇女 600 多名免费学习羌绣，这让当地妇女们在家就能通过刺绣产生经济效益。

此外，家园通过定期会议、现场参与、集体建议等方式来确保家园活动高质量、顺利开展，也确保了儿童友好家园在规划、筹建、运行、管理过程中充分体现儿童权利和儿童参与的原则。例如，协调委员会对儿童友好家园的日常管理和运行具有参与和建议的责任和义务，它的建立为儿童友好家园的运行创造了良好氛围，并在社区内充分实现资源共享。家长委员会与儿童委员会的建立，也为家园的运作与发展起到了很大的推动作用。家园还根据当地家庭教育中存在的问题和情况，开展了“家庭教育培训”。家园聘请了当地从事二十多年教育工作的老师来对家长进行培训，并在家园所覆盖的社区中选出60个家长进行了三期培训。家园在这期间走访6次，走访儿童家庭240户。在家园组织家长培训后，家长改变了父辈式传统教育方法，有了正确的教育观念，孩子们从而有了健康、舒适的成长环境。

在日常活动中，由于平时星期一至星期五来园大多数是0～3岁的孩子，家园主要以亲子游戏为主，加以儿歌，以促进儿童与家长的情感交流，此年龄段的儿童都和母亲一起参加活动。星期六、星期天3～14岁的孩子来家园较多，针对3～6岁的孩子，家园主要开展听故事、听音乐、看动画片、学儿歌、积木、串珠子、滑梯、秋千、系鞋带等活动，锻炼孩子们的动手能力，又培养孩子们的想象力。针对6～14岁的孩子，家园主要组织他们进行团体体育运动和展现个人才能的游戏活动，如滑滑板、跳绳、羽毛球比赛、乒乓球比赛和知识竞赛等。对一些有特长的孩子，组织他们开展兴趣爱好活动，如手工制作、绘画、唱歌、跳舞等。

为扩大友好家园在当地群众和儿童心目中的知名度，北川县胜利儿童友好家园充分利用节假日、季节开展庆祝活动和主题活动。在春节家园开展了“春闹元宵、欢喜大年”有奖猜谜活动。为了表达对母亲养育之恩，家园在母亲节组织儿童用自己的双手制作节日礼物，儿童用过期的台历做相框，自己设计相框的装饰并写下对妈妈的祝福话语，家园通过活动让儿童懂得感恩和关爱他人。国际儿童节时，家园为儿童编排了舞蹈、小品、模仿秀、羌舞、独唱等节目，在节目表演完后组织儿童按年龄段参加“运乒乓球比赛”“打乒乓球比赛”“滑板技巧比赛”和发挥体现团队精神的“过河比赛”等活动。家园每年和高校的老师、同学一起开展“暑期兴趣班”，帮助儿童在快乐中学到知识，愉快地度过暑假。“暑期兴趣班”活动内容丰富，如趣味数学、快乐学英语、美术、音乐、手工制作、象棋比赛、五子棋比赛和激发儿童的团队协作精神的游戏，除了这些内容，家园还开展了各种体育运动。

17．绵阳市北川县柳林儿童友好家园

北川县柳林儿童友好家园位于绵阳市北川县擂鼓镇柳林村。2008年9月家园成立后，家园工作人员迅速进行开园准备工作。在项目方的组织下，家园工作人员参加了数次专业培训，在家园运行、开展活动以及宣传等方面都有了很大的进步。培训后家园工作人员迅速进行了制度建设，完善家园的内部管理。家园明确分工，建立了安全管理制度、入园须知制度、人员职责制度、儿童委员会职责制度、家园设备管理制度等。2008 年至 2011 年，家园开展了大量的活动，其中不乏重要节日的主题活动，也有体育趣味活动和部分减灾备灾活动，如消防演练和冬季疾病预防知识讲座等。同时，家园设计开展了一些亲子活动，如“运气球”和“步伐一致”等，有助于增强亲子之间的沟通交流，改善家庭教育。从 2008 年开园后到 2011 年，家园服务儿童 20000 多人次，家长 600 多人。

18. 绵阳市平武县龙安儿童友好家园

平武县龙安儿童友好家园于 2008 年在接官亭板房建立，2010 年 12 月，家园搬进永久性住房。随后家园加强管理，制定了管理制度，明确了工作人员职责。平武县龙安儿童友好家园的工作人员除积极参加省市家园的培训外，还不断加强学习，到当地幼儿园学习幼儿教师针对 3～6 岁儿童开展的教育活动，并学习幼儿音乐和舞蹈知识，到当地小学请教小学老师针对 7～12 岁儿童进行教育的方法，家园工作人员工作能力迅速提高。

家园有序开展日常活动，主题活动丰富多彩。日常活动中，针对低龄段儿童，以讲故事、教儿歌、做游戏为主，针对 7～12 年龄段儿童，以绘画、手工、舞蹈、体育活动和竞赛性强的游戏活动为主，主题活动开展了“快乐节日”“我爱运动”“迎新年”“我爱绿色家”“我爱妈妈”等。此外，走访慰问贫困老人、伤残儿童，送活动下乡、开展家庭教育讲座也是家园的活动之一，龙安镇片区 3000 多名儿童得到了家园的关爱和帮助。

19. 绵阳市平武县平通儿童友好家园

平武县平通儿童友好家园位于绵阳市平武县平通镇中心小学校内，由县妇儿工委办与学校共同管理。家园在参加了各级培训之后，避免了很多办园的误区。家园顺利设计开展主题活动，开展了“画我美丽的家乡”“设计家乡的解说词”“制作宣传家乡的 PPT”“我是环保小卫士”“环境调查”“摄影展”“制作简单的玩具”“传说搜集”等活动。随着家园的顺利运行，家园成立了家长委员会和儿童委员会，帮助家园开展活动。“送服务下乡”也是家园中的主要活动，家园工作人员提前多方了解残疾儿童或者特需儿童家庭中的禁忌，例如，某个家庭中有人因灾遇难的，家园工作人员会注意回避敏感的话题，以免交流受阻。家园还开展了四次家庭教育培训，为改善当地儿童的教育环境做出了努力。平武县平通儿童友好家园为当地儿童提供了卫生、保健、教育、游戏、娱乐、运动、家庭教育、心理辅导等服务，为孩子们搭建了一个安全、温馨、快乐的活动空间，不断走向成熟。

20. 绵阳市安县秀水儿童友好家园

安县秀水儿童友好家园于2008年8月在顺江村板房建立，有板房7间，露天活动场所150平方米。当地灾民陆续搬进新居后，家园从板房撤出。为了能够更好地持续发展，为小朋友提供一个更加舒适、温馨的环境，家园于2010年9月16日搬迁至安县秀水镇顺江村村委会对面一楼的民宅，房屋总面积约200平方米，现有工作人员3名。经过家园工作人员的精心设计，现有区域被划分为活动区、阅览区、体育区以及办公室楼上的休息室和保管室，竭力为所有儿童提供一个安全、舒适的环境。

安县秀水儿童友好家园建立了家长委员会制度、儿童委员会制度，鼓励家长、儿童参与到家园的日常事务和集体活动中来。2008年至2011年，家园共开展了主题活动70次，为小朋友们提供了各种学习、娱乐、体育、演讲、表演活动，除了国家法定假日例行庆祝活动外。家园还开展了很多特色活动。安县秀水儿童友好家园2008年8月至2011年3月共计接纳儿童7755人、55242人次，家长2190人、15745人次。

21. 绵阳市安县沸水儿童友好家园

安县沸水儿童友好家园于2008年8月成立，由于当时情况特殊，居民安置房非常紧张，但在当地镇政府的精心协调下，家园拥有板房5间（100平方米），室外活动场地150平方米。为了给当地儿童提供更加舒适、温馨、安全的环境，让更多的儿童得到服务，家园于2010年8月30日搬迁到了人群集中、较为宽敞的一家空置幼儿园（沸水镇同心街原育才幼儿园）内。室内面积约200平方米，包括玩具室40平方米、图书室35平方米、保管室20平方米、活动室20平方米、办公室20平方米等，室外活动场约150平方米。先后在家园服务的工作人员有5名，都具有一定的幼儿教育、心理学、卫生学、社会工作等专业背景，形成了以园长为核心的、分工负责的运行团队。

家园先后制定了安全管理制度、设备管理制度、园长和工作人员工作制度、值班制度、家长与儿童入园行为规范、卫生保健制度、家长和儿童委员选拔与监管制度以及评估和财务制度等，还相应地制作了交通安全宣传栏、卫生安全宣传栏、卫生保健宣传栏和家园联系卡，实现家园的科学化运行。家园开展节日活动都是事先征求儿童、家长的意见，尽量满足大家的需求，同儿童委员、家长委员共同策划，如母亲节、植树节、六一儿童节、国庆节、元旦节、春节、元宵节等传统节日的庆祝。在开展好日常活动的同时，家园根据走访调查得到的结果、家园存在的问题以及大多数儿童的需求，在2009年开展了“团结互助，共建美好家园”“快乐成长，健康你我他”和“我为家园付出，家园助我成长”三个大型主题活动，取得了很好的成效。2010年上半年家园相继在不同区域（如学校、社区、村委会）用不同方式（如讲座、座谈、宣传等）开展了儿童保护宣传活动、儿童保护论坛、大型家庭教育宣传讲座和座谈。家园针对附近贫困儿童、残疾儿童以及特殊家庭开展特需服务。

22. 绵阳市安县晓坝儿童友好家园

晓坝镇是一个四面环山地理条件优越的小山庄，2008年5·12汶川特大地震后，镇上90%的居民住房受损，造成五千多人无家可归。为了帮助受灾儿童尽快走出阴影、回归自然，家园共搬迁八次，最终在晓坝镇建起了儿童友好家园。

家园配备了1名管理人员、2名工作人员，他们均具有幼儿工作经验，经过多次社工培训和学习，对儿童心理辅导、相关游戏活动的开展，具备了更加专业的知识。家园建立了家长委员会和儿童委员会，推进了家园制度建设，保证了家园的正常运行。家园积极开展多种丰富多彩的活动，丰富了儿童的学习生活。在每个节日，家园都会组织儿童开展围绕主题的大型活动。

家园覆盖当地18周岁以下的儿童1930人，2008年8月至2011年3月家园实际接纳18周岁以下儿童3098人、47409人次，以及家长1395人、6429人次，帮助留守儿童共计536人，解决特需儿童心理要求共计154人，得到了社会各界和灾区群众的广泛赞誉。

23. 绵阳市安县茶坪儿童友好家园

安县茶坪儿童友好家园于2008年6月在京安小区正式启动。随着返乡重建，家园也随迁至茶坪茶厂的板房内。通过政府多方协调，家园拥有5间板房、1个小操场作为活动场所，基本满足了来园儿童参与活动的要求。最终，家园落户在安县茶坪镇土桥社区。为了能够更加广泛地开展好工作，家园通过广播、标语、散发宣传单等多种形式进行宣传，使家园知晓率和来园率大幅度提高。根据友好家园的发展规划和三年计划，家园积极促进儿童德、智、体、美全面发展目标的实现。家园在设计活动的同时，根据不同的年龄、不同的需求、不同的层次和不同的社会背景来开展活动。

此外，家园工作人员还走村入户，宣传友好家园的功能体系和服务的宗旨，对所属区域的家长和儿童进行摸底和调查，及时了解大家的需求。同时，将家长和儿童的信息和需求建卡存档，建立了家长委员会和儿童委员会。家园工作人员通过多次参加省级、市级、县级培训，业务水平不断得到提高，家园各项工作逐步规范，服务的儿童和家长越来越多。三年间，家园共服务儿童数6886人，达50962人次，接纳来园家长人数2145人，达15767人次，开展了大型庆祝活动36次、主题活动165次、送活动下乡31次，不仅丰富了家长和儿童的文化生活，也促进了孩子的健康成长以及亲子之间关系的和谐。

24. 广元市朝天区儿童友好家园

朝天区儿童友好家园于2008年10月开始筹备并试运行，同年11月正式开园，家园位于朝天镇明月社区居委会雍家拐处，占地面积250平方米，有80平方米的室外活动场地、40平方米室内活动场地，有学生寄宿宿舍4间、男女厕所2间、厨房1间。家园有工作人员3名，其中，管理人员1名，教师2名，他们均有教育管理的相关工作经验和基本知识。开园后家园就着力建立和完善了各项规章制度，建立了岗位职责制、安全管理制度、物品管理制度、卫生保洁制度。建立了家园协调委员会，由区民政、残联、教育、公安、卫生等十三个部门组成，并定期召开会议，协调解决家园建设中存在的问题。通过建立家长委员会和儿童委员会，充分发挥家长的作用，支持家园工作，引导儿童参与家园管理、活动设计和家园宣传。建立了家园工作人员考核机制，每月一次，由区妇儿工委办根据督导的情况和家园管理人员提供的依据，对家园工作人员实行绩效管理，并与补贴挂钩。

家园活动内容包括体育活动（如乒乓球、跳绳、短跑接力、篮球、足球等）、游戏、心理辅导、安全知识教育和家长培训等内容。同时，家园结合各种节日开展各项活动，三年时间共开展了大型主题活动26次、中型活动50余次、一般活动200余次。2008年至2011年，来家园参与各项活动的儿童达到3.2万人次。

25. 广元市元坝区柳桥儿童友好家园

元坝区柳桥儿童友好家园位于广元市元坝区柳桥乡，由当地妇儿工委办直接管理。家园制定了一系列的规章制度，如《儿童友好家园出入园须知》《柳桥儿童友好家园工作流程图》《柳桥儿童友好家园活动时间安排》《柳桥儿童友好家园工作人员安全手册》《柳桥儿童友好家园岗位职责》等，并根据实际情况，不断地完善相应的各项规章制度。

开园以来，家园覆盖的儿童由 1004 人增加到 1655 人，共接纳儿童 59986 人次，其中有特需儿童 5001 人（包括留守儿童）。举办了各种知识讲座 25 次，共 2635 名儿童参加，这些讲座使更多的儿童掌握了卫生、健康、安全等常识，培养了兴趣，也增添了自信，提高了自我安全保护的能力和技巧。家园共开展大型宣传活动 50 次，发放卫生、安全等宣传资料 4 万余份，悬挂标语 40 幅，制作宣传专栏 10 期，进村走访宣传 9 次，与周边单位开展结对、联谊活动 9 次。三年来，家园工作人员坚持以预防为主，勤检查、勤巡视，防患于未然。由于家园在安全方面的工作做得扎实，开园至今无任何安全事故发生。家园的影响力不断扩大，具有一定的辐射力和知晓率，深受当地群众和儿童的喜爱。

26. *广元市青川县乔庄儿童友好家园*

2008 年 9 月开始建园，青川县乔庄儿童友好家园设在上坪板房安置区，用房面积 60 平方米。最初由于当地群众都对这个项目不很熟悉，很多家长不愿带孩子来家园，在家园的全体工作人员认真调查研究，摸底分析存在的状况，并掌握安置区的具体情况后，家园制定出相应的措施：①白天为附近的儿童开园，晚上走家入户进行宣传；②家园的 4 名工作人员在各个安置区内发放宣传单 3000 余份，悬挂条幅 10 余幅，张贴宣传画 100 余张；③请家长到家园进行实地参观考察，让家长看到家园内完善的设备、安全措施和保障、工作人员认真、细心的服务；④家园与入园儿童的家长签订安全管理责任书。通过以上措施，儿童友好家园在县城周边地区以及农村被熟知，儿童入园率大大提高，儿童友好家园真正成了儿童心中的乐园。为了灾后重建、板房腾挪，2010 年 3 月，在当地县妇联领导的关心下，在房子十分紧缺的情况下，县政府给青川县乔庄儿童友好家园解决了 3 间门面永久性房，青川县乔庄儿童友好家园于 3 月 23 日从板房区搬到东山小区永久性门面房。现在新家园约 100 平方米，设有活动室、图书室、绘画室、办公室，门前有宽阔的花园广场，平时小区的居民和小孩子在这里休闲、娱乐、参加各种体育活动。

青川县乔庄儿童友好家园所在的小区有 1000 多户居民，有一个大型超市，100 米处有两所小学和一所幼儿园，500 处有一所中学，家园斜对面是一条十字路口，交通十分便利，人口集中，便于远近的儿童来园活动。

家园组建了4个人的工作人员团队，团队结构稳定。工作人员有3名为女性，1名为男性，其中2名是大专学历，2名是中专以上学历，工作人员精神面貌很好，工作认真负责、热情主动、积极向上，具有一定的幼教经验，工作能力很强。

青川县乔庄儿童友好家园所覆盖的儿童约6000人，到2011年3月，家园实际接纳儿童和家长48500余人次，开展大小型活动260余次，召开儿童委员会10余次、家长委员4次、儿童委员会换届3次。

27. 广元市青川县竹园儿童友好家园

青川县竹园儿童友好家园现位于青川县乔庄镇东山小区，由当地妇儿工委办与社区共同管理。竹园儿童友好家园从2008年10月19日正式开园，先后迎接了原希望九州的10余名志愿者，同时接待了地震之后紧急情况下的多名短期志愿者们。

开园初期，整个灾区处于百废待兴阶段，房屋受损严重，竹园灾民全居于板房区，所有学校都在板房里上课。因为板房教室紧张，青川县竹园儿童友好家园自开园以来一直与当地一所私立幼儿园合作，有学龄前儿童活动室、学龄后儿童活动室、办公室、教室各1间。室外活动场地就是两排板房间的空地，基本能满足家园开展各项活动。2010年3月，因板房拆迁，家园和幼儿园从白沙社区板房安置区搬到白沙社区清路99号的民宅内（永久性）。新园内开设有办公室、学龄前儿童活动室、室外活动室、美术室、阅览室和手工区。因为空间限制，家园单独使用办公室和学龄前儿童活动室，其余与幼儿园合用，资源共享，基本能满足家园开展活动的使用。如有大型活动，需外借场地才能开展。2011年4月底，家园搬入新园。新园址位于竹园滨江路圣奥幼儿园院内，交通便利，远离闹市，环境独立安全。搬迁后，家园将有独立活动室2间，图书室1间，室内面积共260多平方米。室外活动场地宽敞，有2000多平方米，可同时容纳较多孩子活动，也可在院内组织大型活动。

开园以来，在联合国儿基会及国家、省、市、县各级妇儿工委办的指导和各专家团队的大力支持下，青川县竹园儿童友好家园开展了内容丰富、形式多样的活动，包括家园平时活动、送活动下乡、社区活动、儿童心理抚慰陪护、知识讲座和主题活动。

28. 广元市利州区上西儿童友好家园

利州区上西儿童友好家园位于广元市利州区上西街道，由妇儿工委办与社区共同管理。项目实施之初，利州区上西儿童友好家园建在上西女皇路的板房区内，拥有活动室、图书室、心理抚慰室，共约 100 平方米，还有约 200 平方米的室外活动场地，为 3 个社区和板房区的儿童、家长服务。随着灾后重建，板房区的灾民都陆续搬到了永久性住房，家园也搬到了上西小学内，为 5 个社区服务。家园现拥有活动室、图书室、心理抚慰室，共计 200 多平方米。室外有学校的大操场供孩子们玩耍，环境优美、舒适、安全、整洁。家园招募了 4 名全职工作人员，其学历大多是中专或大专文凭，并且经过了省级家园项目的专业知识的培训和专家团队的亲临家园实地指导。

家园对周边的环境进行摸底，并对儿童和家长的需求进行调查，制订了各类活动计划，为家园开展活动奠定了基础。做到了有章可循、有的放矢。家园从“关爱儿童、保护儿童”的原则出发，开展月主题活动和周主题活动；从活动的辐射面积和影响人群以及开展的频率，制定了“系列活动”和“即时活动”两类主题活动；根据活动的形式，制订了传统活动和热门活动；通过对受益人群的划分，分别制定了适合家长和孩子的主题活动。每天开放活动室、图书室、放映室，并对学龄儿童进行课后辅导；定期或不定期地组织来园儿童开展手工制作、绘画、自主游戏活动。

利州区上西儿童友好家园服务在 2008 年至 2011 年覆盖儿童（0～18 岁）人数 3367 人，家园实际接纳儿童 31200 人，入园 82568 人次，受益家长 5200 人。

29. 广元市利州区大石儿童友好家园

项目实施之初，利州区大石儿童友好家园成立于广元市利州区大石镇镇政府大院内，当时家园服务的儿童均属社区城镇儿童。由于灾后重建，在经过一年多的运行后，家园重新选址。通过多方调查与协商，2009 年 11 月家园搬迁至距原址 3 公里处的大石镇小稻村委会院内。家园现设有儿童活动室、阅览室、心理指导室等，均属永久性住房，室内活动面积达 300 平方米，并有 550 平方米的室外活动操场供儿童使用，环境安全、舒适、整洁。由于新环境地处农村地区，家园服务儿童的阵地便由城镇转向农村。

为了进一步规范家园工作，领导小组通过搜集、整理，广泛征求群众意见，制定了《儿童友好家园工作人员的岗位职责》《儿童友好家园设备管理制度》《儿童友好家园财产保管制度》《儿童友好家园卫生保健制度》等 14 项制度，并实行制度统一上墙。项目实施以来，家园招募了 4 名全职工作人员，同时还有 1 名大学生志愿者在家园开展工作。

家园自实施以来，开展了多种类的活动，包括日常活动、重要节日纪念日活动、特色手工制作活动、知识讲座类活动、情感类活动、送活动下乡、主题活动、环保活动等。与其他家园不同的是，为了探讨大石儿童友好家园与多个部门建立合作机制，提升家园工作人员开展工作的能力，丰富家园的活动，推动儿童友好家园项目的可持续发展，2010 年利州区妇儿工委办牵头组织教育、公安、民政等多个成员单位先后召开了 4 次部门协调会。

在 2008 年至 2011 年项目实施期间，大石儿童友好家园已接待来园儿童 33129 人、42455 人次，受益家长 3753 人。

30. 雅安市天全县城厢儿童友好家园

天全县儿童友好家园最初设在天全县城厢镇第一幼儿园。家园设有 2 个活动室、1 个图书阅览室、1 间办公室，总面积为 180 平方米，室外活动面积达 2300 平方米。天全县儿童友好家园位于天全县城厢镇西城社区，社区有居民 4000 余人，其中，18 岁以下的儿童 1200 余人。2011 年，家园搬迁至天全县解放街 165 号天全第一幼儿园内。

天全县儿童友好家园有 3 名专职和 1 名兼职工作人员。其中 3 名为大专学历，1 名为中专学历，分别负责英语教育、安全等知识培训和音乐、舞蹈、手工、板报、体育游戏等活动。

在开展主题活动的同时，家园根据节日、节气、日常生活等有序地开展日常活动，共计 90 余次。家园还根据周边的情况，开展了符合当地县情的活动。相关资料显示，2009 年天全县有百余人吸毒，其中有 30%是未成年人。针对这一情况，2010 年，家园开展了关于“珍惜生命 远离毒品”的系列活动，包括“关爱生命，远离毒品”安全知识讲座、禁毒启动仪式和禁毒广场宣传，发放“珍爱生命 远离毒品”宣传单 1000 余份，效果良好。同时，家园在走访过程中了解到，当地针对儿童的家庭教育还存在很大的不足，所以他们陆续深入开展了“家庭教育”和“儿童保护项目——防暴力”的主题活动。针对家庭教育活动，家园开展培训讲座 6 次，下乡宣传 15 次，入户调查 5 次，填写家庭教育问卷调查表 85 份，发放关于家庭教育的宣传资料 2600 余份；针对防暴力活动，家园先后开展防暴力骨干培训会 2 次，下乡和社区宣传3次，发放“防暴力、除公害”等宣传资料1000余份，还通过做游戏、办手抄报、黑板报等方式，或者有效利用手机短信平台来达到“防暴力、除公害”的宣传效果。

天全县儿童友好家园在项目实施的三年里，家园服务覆盖全镇5个社区、12个村，共计11320名儿童。

31. 雅安市芦山县横溪村儿童友好家园

芦山县横溪村儿童友好家园设在芦山县横溪村村委会办公室内，由妇儿工委办与社区共同管理。自2008年9月开园以后，家园在开展各类活动前，都会深入学校、家庭、村对儿童和家长进行需求调查。家园在形成需求调查报告的基础上，还要制定详细的实施方案，并严格按照实施方案开展工作。在开展工作的同时，家园还积极争取县、乡、村儿童友好家园领导小组成员的支持，并抓住一切机会对家园工作进行宣传。家园志愿者还积极参加了国务院、省、市、县妇儿工委办组织开展的各类培训。家园严格制定了各项工作职责和规章管理制度，规范了工作流程，并于2009年初成立了家长委员会和儿童委员会。

家园主要开展形式多样的集体活动，如接力赛、拔河、篮球友谊赛、象棋比赛、手工制作、绘画比赛等室内外活动。2008年寒假，家园主要开展了冬季安全用火、毒品的危害、结核病、血吸虫病预防等知识讲座；2009年暑假，家园与四川农业大学社会工作系大学生志愿者一起，开展了暑期英语启蒙培训、美术、音乐、手工、篮球、太极等儿童兴趣班和功课辅导班，以及有关留守儿童的小组系列活动。在此期间，家园还利用晚上时间进村入组为村民们放电影，以及开展汇报演出晚会。2009年寒假，家园又组织来园儿童和家长开展了家庭教育和防暴力侵害儿童的培训活动，培养了30名儿童和30名家长骨干宣传员。在2010年寒假，家园协助县妇联认真开展儿童保护多部门协调会议活动，制定了《儿童保护多部门合作机制》，促成我县多部门联动保护儿童的工作体系的建立。2010年春季，家园又在当地县妇联的指示下，协助乡妇联开展儿童保护登记信息分析研判工作会。为了填补0～3岁婴幼儿教育的空缺，家园从2010年初还为学龄前儿童开办了以游戏为主的“亲子实验班”。

开园后，家园在其开展的各项活动基础之上，进一步拓展家园的各项服务功能。组织儿童开展课外阅读，提供儿童课外指导服务；通过电脑、亲情电话等提供生活技能、人际交往、心理行为等儿童成长指导服务；对0～3岁婴幼儿及其家庭开展亲子游戏活动，进行科学育儿的家庭教育指导服务；实行多部门联动，并积极动员社会力量参与，为家庭困难和特需儿童提供一些救助服务；面向大龄儿童和农村妇女，开展多种形式实用技术培训服务，以便引导和鼓励妇女在照顾儿童的前提下就近就业。新华社记者和中央电视台“聚焦三农栏目”、雅安日报、雅安电视台、芦山电视台曾到家园进行采访和拍摄，宣传报道了家园工作。2010年6月1日前夕，家园管理人员带领4名家园儿童参加了由国务院妇儿工委办、联合国儿童基金会和中国儿童中心在北京举办的“我的发展我参与——首届儿童权利周暨六一儿童论坛”活动。而后，在11月份，家园管理人员和园长带领6名儿童参加“来自儿童的观点和声音——四川儿童论坛”活动。在论坛活动上，家园儿童的优秀表现获得了在场所有人的掌声。

家园自2008年开园至2011年共接待儿童35098人次、家长16879人次。

32. 雅安市芦山县古城村儿童友好家园

芦山县古城村儿童友好家园位于龙门乡古城村的村委会内。家园辐射了青龙场、隆兴2个村的2500多名儿童和3000多名家长。家园设有活动室、图书室、放映室、志愿者办公室及储物室各1个，有大约600平方米的硬化操场一个，硬化操场上配有2个篮球架和2张乒乓球桌。在芦山县妇儿工委办、县妇联的带领下，家园志愿者们先后参加了“四川省灾区儿童友好家园项目培训班”“灾后儿童保护工作研训班”“项目省级培训班”和“社工—心理培训班”“儿童论坛成人组织者和协作者培训班”以及“学前教育专业指导组培训班”的学习。

由于家园依托社区而建，有别于园中园和校中园模式，家园根据时间段安排活动，其活动一般分为5类，即周一至周五的日常活动、周六至周日的周末活动、寒暑假的假期活动、重要节假日主题活动，以及机动时间安排的融入性活动。活动的开展始终坚持以寓教于乐为原则，注重儿童的身心发展，注重同伴教育，有效地正面引导，增强了儿童的自主性、参与性和创新性。

自2008年9月开园到2011年项目结束，芦山县古城村儿童友好家园已接待来园儿童2030人、30000余人次以及家长2500人、10000余人次。

33. 阿坝藏族自治州小金县美兴儿童友好家园

小金县于2008年11月建立了美兴镇儿童友好家园，历时2年7个月。

小金县美兴儿童友好家园搬迁了2次，现落户于新城区文体中心一楼的永久性住房内，由妇儿工委办直接管理。小金县美兴儿童友好家园在运行管理上做了大量工作：①成立了小金县美兴镇儿童友好家园领导小组，以县委常委、县政府分管副县长、县妇儿工委主任为组长，以宣传部、教育局、卫生局、公安局、民政局、广电局、美兴镇、新街居委会等部门负责人为成员，具体负责项目的管理协调和指导工作，领导小组下设办公室，由分管领导兼任办公室主任，负责处理日常事务。各成员单位结合部门职能职责，认真履行在项目实施中的责任和义务，做到各司其职、各负其责，形成了齐抓共管的工作格局，为儿童友好家园项目的顺利实施提供了强有力的组织保障，创造了良好的工作氛围和外部环境。②建立工作机制，因地制宜地建立了儿童友好家园项目实施的各项工作制度，做到了职责制度上墙，并随时开展工作督查，保证了工作开展有章可循。③规范资产、经费、活动管理办法。④建立了协调会和督导工作制度，县妇儿工委办每季度均召开了部门协调工作会议，在每月和重大活动时，组织相关人员对家园工作进行了督查，与相关部门共商项目发展的方式。通过广播电视、制作宣传展板、开展讲座、发放宣传单等方式，广泛宣传“儿童优先、儿童保护、儿童友好环境”的理念，积极争取社会、家长的参与和支持。

家园以活动为载体，积极开拓创新工作方式方法，按照不同特点、不同形式，“因地制宜”“因时制宜”地开展了即时活动、主题活动、常规活动等五大类活动。地震后家园及时为儿童提供了心理抚慰、娱乐、教育方面的服务，丰富了儿童的生活，增长了儿童的见识，开阔了儿童的视野，对儿童行为习惯养成产生了深远的影响。同时，家园为家长们提供了学习和掌握正确家庭教育方法的机会。

从2008年至2011年，家园开设有卫生保健、文化教育、娱乐游戏、心理抚慰等综合服务项目，开展主题活动25次、大型系列活动3次、联合活动3次、及时活动5次，常规活动每天进行，先后聘请工作人员7人，共接待儿童50000余人次，惠及儿童35000余人次，从中心城区辐射到21个乡镇的儿童。家园为灾区儿童带来了无数欢声笑语，使儿童构建了新的同伴关系，重拾了信心，对儿童在心理和生理教育方面产生了深远的影响，受到了社会各界的广泛好评，也收到了良好的社会效益。

34. 阿坝藏族自治州茂县儿童友好家园

2009年6月，茂县妇儿工委办按照阿坝藏族自治州妇儿工委办的安排，先后于2009年6月16日和2009年9月4日两次与汶川县妇联在映秀镇接交儿童友好家园的设施设备。设施设备转移到茂县后，6月17日县妇儿工委办立即对儿童友好家园进行了选址。向县政府请示后，家园点被设在了茂县同心幼儿园旧的教学大楼里。随着灾后重建的进行，在茂县幼儿园新教学大楼建成后，家园经历了一次搬迁，儿童友好家园跟着同心幼儿园一起搬迁进了永久性的教学大楼里，并于2009年9月15日正式开园。家园共有办公室1间、活动室1间、图书室1间，室外有较大的活动场地，供儿童做游戏和进行体育活动。

家园从开园后不断完善，现在家园的制度已基本健全，如《儿童友好家园安全管理制度》《儿童友好家园卫生保健制度》《儿童友好家园设备设施管理制度》《儿童友好家园员工守则》等制度体系。同时还形成了较详细的家园日常运行记录，如《每日来园儿童登记表》《每月来园儿童情况统计表》《设施设备接收登记表》《设施设备受损登记表》《职工考勤情况登记表》《大事记登记表》《好人好事登记表》《问题儿童登记表》等。家园还加入了《儿童友好家园工作人员管理制度》和《儿童友好家园管理人员工作制度》等。

家园配备了1名管理人员和3名工作人员，保证了活动的顺利开展。茂县儿童友好家园的活动主要分为日常活动和大型节日活动两类。日常活动主要包括组织儿童玩玩具、唱歌、跳舞、画画、互动游戏、功课辅导等，对在活动中表现好的儿童赠送小礼品以表鼓励。家园还开展了一系列大型亲子活动，还围绕元旦节、春节、植树节、劳动节、母亲节、儿童节、父亲节、国庆节、国际儿童日、圣诞节等重大节日，开展庆祝和宣传活动。

35. 阿坝藏族自治州九寨沟县永乐儿童友好家园

2008年9月，在九寨沟县新城区的活动板房中，九寨沟县永乐儿童友好家园正式启动。在建园之初，家园为确保项目持续正常运转，成立“震后儿童保护——儿童友好家园”项目工作协调领导小组，以县政府副县长、妇儿工委主任为组长，以妇联、教育、公安、卫生等相关单位为成员，为项目的正常运转提供了强有力的领导和组织保证，且不定期地对儿童友好家园的活动开展情况进行检查督导，及时反映和解决存在的问题和困难。家园建立了完善的“儿童友好家园”安全制度、物品管理使用制度，明确园长职责、工作人员职责等，同时对到位资金严格实行专户专账管理。

家园在日常的工作实践中不断地完善各种规章制度，严格按照制度中的内容对家园进行管理。由于家园地理位置的特殊性，家园一直坚持全日制开放式、工作人员轮休制。来园的儿童年龄各不相同，针对这种特殊性，家园也制定出了与不同年龄相对应的活动方案。家园除了开展常规活动，还结合了当地儿童的生理、心理需求和民族特色，利用不同时间段开展了丰富多彩的特色主题活动，如“小学生滑板比赛”“感恩母亲·凝聚爱心演讲比赛”“中学生放风筝比赛”“如何做合格家长 如何做合格孩子”家庭教育培训和儿童自我保护意识培养讲座、学前班儿童手工制作爱心相框等，活动丰富多彩，趣味横生。

九寨沟县永乐儿童友好家园在项目实施的三年中为当地儿童提供了丰富全面的服务，得到了当地政府和居民的一致认可和大力支持。

36. 阿坝藏族自治州九寨沟县永和儿童友好家园

九寨沟县永和儿童友好家园位于九寨沟县永和乡中心校内，家园在临时安置点板房学校举行了由县、乡各级领导参与的大型建园仪式，并接收了联合国儿童基金会和国务院妇儿工委配送的物资和设备。根据联合国儿童基金会和国务院妇儿工委的目的和要求，家园在建立和完善了各项管理制度之后，坚持推动常规化的综合性服务和18岁以下儿童适应的趣味小游戏活动。体育运动、绘画课堂、手工制作、户外活动、音乐游戏、亲子游戏、卫生健康教育、知识讲座、心理辅导、特殊人群服务、幼儿基础教育等，不仅抚平了当地儿童在地震时受到的心理创伤，还填补了永和乡缺乏儿童基础教育的空白。此外，家园加强了儿童行为规范教育和思想品德教育，纠正了儿童在生活中的不良行为和劣习，使儿童长期保持一个健康向上的心态。

37. 阿坝藏族自治州理县杂谷脑儿童友好家园

理县杂谷脑儿童友好家园于2008年9月在理县杂谷脑小学幼儿园正式启动。经过几次搬迁，家园现在位于杂谷脑小学旧址，有工作人员3名，教室2间，1间地垫区供低年龄儿童游戏活动，1间阅读室供高年龄段儿童开展活动，教室外有一条过道可开展些小型体育活动，经过家园工作人员的精心布置，家园焕然一新，成为孩子们的乐园。

家园在理县妇儿工委办的协助下制定了《儿童友好家园管理制度》《儿童友好家园安全制度》《儿童友好家园突发事件应急处理办法》《儿童友好家

园人员岗位制度》《儿童友好家园入园须知》《儿童友好家园开放时间表》等工作制度，并统一制作、装裱上墙，为儿童友好家园的管理提供了有力的依据。家园成立了家长委员会和儿童委员会，家长委员会主要负责收集家长们的建议和意见，协助家园工作人员更好地开展活动，做好家园的管理，而儿童委员会主要协助家园老师做好儿童的管理工作，组织、策划活动。

家园依托杂谷脑小学现有的条件，为当地儿童进行防震避险、消防安全、卫生防疫、健康常识等知识讲座，增强了孩子们的自我保护意识和能力；开展形式多样的文体活动；组织开展父母和孩子一起参与的游戏、知识竞赛等亲子活动；开展了 17 个主题活动；联系川湘情社会工作服务队，开办了“家庭教育培训会”“家庭教育交流会”，参加人数达 2500 余名，发放资料 3000 余份；积极组织儿童志愿者下乡入户去发放宣传资料，协助县妇儿工委办开展困难流动儿童的慰问。

38. 凉山彝族自治州会理县力马河儿童友好家园

会理县力马河儿童友好家园建立在力马河社区，因为矿山资源枯竭，职工与企业解除合同，力马河社区多数是留守家庭中的留守儿童。力马河社区有离退休职工 2500 人、户籍人员 4800 人、常住居民 1000 多人（多属于弱势群体），家园覆盖儿童 700 余人。社区缺乏娱乐场所，公共服务设施欠缺，没有电影院、游乐园、动物园及公园，居民缺乏文化生活，精神生活无处可依。最重要的是家庭教育的缺失和监护不力，儿童的健康成长存在隐患。家园的运行正好填补了这一空缺。

家园为每个来园儿童建立档案，至今建立的电脑档案、纸档案 348 份。儿童相片采集 524 张。家园结合当地特色，开展了多种多样的活动。除了常规活动之外，还有围绕节日开展的各项主题活动，并且举行了许多适合儿童参加的大型比赛活动，开展了部分减灾备灾活动。

会理县力马河儿童友好家园已经成为力马河社区居民、社区儿童的活动中心，通过参与式方法的规划和运转，向儿童提供包括游戏、娱乐、教育、卫生和心理支持在内的综合性服务，为儿童与居民提供了“康复性环境”和“安全空间”，接待儿童 24605 人次，让社区的 500 多个家庭受益。

39. 凉山彝族自治州会理县通安儿童友好家园

会理县通安儿童友好家园最初建立在新发乡云盘小学内，后来为了该校灾后重建的需要，会理县通安儿童友好家园搬迁到了新发乡中心小学内。家园在开园后，通过各种方式向外界宣传，让当地家长了解儿童友好家园，宣传效果良好。自家园开办以后，家园中的工作人员在实践中不断学习，逐步摸索出了一套切实可行和行之有效的管理制度和管理办法，使家园的管理工作逐渐趋于科学、合理，最大限度地发挥了家园中的设备设施的作用，整个家园有条不紊地开展工作。

当地家长十分愿意带儿童来家园中玩耍，儿童在家园工作人员和家长的带领下，搭积木、做游戏、看动画片、唱歌、跳舞，参加各种竞赛和亲子活动等，家园设计了丰富多彩的活动，大大丰富了儿童的生活，让他们感受到了家园的温暖与快乐。

家园的服务直接覆盖了新发乡的 7 个行政村，13000 多人口，近 2000 儿童受益，家园共接待了数以万计人次的儿童，对震后儿童心灵的抚慰和儿童的健康成长发挥了重要的作用。

40. 凉山彝族自治州会理县小黑箐儿童友好家园

会理县小黑箐儿童友好家园位于会理县鹿厂工业园区小黑菁乡，由当地妇儿工委办与学校共同管理。小黑箐乡是在边远的山区农村，98%的人口属于彝族，白沙文化站站长把自己家的土地捐献出来修儿童友好家园，家园在本乡白沙村集中区，覆盖 6 个村和相邻矮郎乡两个村，有 6600 多位家长、950 多个儿童。家园于 2010 年搬迁到白沙小学内，为学校的学生提供服务。

小黑箐乡学前教育在当时算是空白。家园在成立后利用这一平台，让 3 岁以下的儿童在家长的陪伴下在家园玩耍。3～5 岁的儿童由家长陪伴，早上 9 点到家园，下午 3 点放学回家，中午儿童自带零食。家园帮助当地儿童全面发展，弥补了学前教育的空缺，教他们认识简单笔画的字，唱儿歌和经典歌曲，舞蹈，游戏，绘画，认识图形、颜色等。家园附近的特需残疾儿童，因家里十分困难而从未上过学。家园接纳了他们，针对他们的特殊情况，安排他们的学习计划，为他们提供舒适的学习环境。家园还得到了宜宾学院的师生的实地支持，他们帮助家园老师学习电脑知识，解决疑难问题，为儿童开展各种各样、丰富多彩的游戏，并为当地村民开展社区活动。

会理县小黑箐儿童友好家园从开园到 2011 年项目结束，共接纳 5 万多人次，家园依托乡、村、组、各级组织的宣传，在当地家喻户晓，受到儿童和家长的欢迎。

第二节 助推灾后重建：儿童友好家园“2008—2011”三年建设成效显著

在2008—2011年三年项目运行周期，儿童友好家园项目很好地完成了为灾区18岁以下的儿童及其家人、其他社区成员提供包括卫生、保健、营养、教育、娱乐、运动、游戏、心理辅导及转介等在内的综合性服务的宗旨。全省地震灾区所在的40所儿童友好家园各司其职、各尽气力，积极有效地开展各项工作，既保证了项目的进展顺利，也取得了突出的成效，深受灾区儿童和家庭的喜爱，也受到灾区群众的普遍欢迎。儿童友好家园在为灾后儿童心理重建与灾区的和谐稳定做出积极贡献的同时，也为积累四川经验、提炼四川模式提供了丰富的素材。

一、普惠共识：项目的运行让各地家园和各级妇儿工委办受益匪浅

各地家园通过开展活动，顺利实现其综合性服务载体的功能。家园活动是项目实现其功能的载体，在项目运行的三年周期内，各地儿童友好家园开展了内容丰富、形式多样、适合儿童健全发展的活动。首先，40个儿童友好家园分别开展了包括游戏、体育、兴趣和技能培养、心理支持、卫生保健以及亲子活动在内的一系列丰富多彩的日常活动；其次，工作人员在充分考虑儿童需求及当地社区实际情况的基础上，开展了一系列覆盖社区、具有教育性和针对性的主题活动，如家庭教育讲座、儿童保护论坛、弘扬特色民族文化等主题活动；再次，家园工作人员扩大了家园活动的辐射范围，根据家园所在地及周边地区的实际情况，积极进行拓展服务，并组织开展社区成员参与大型文艺活动、社区家庭知识讲座、家长和孩子对话，以及联系医院免费为社区居民提供医疗检查等；最后，针对有特殊需求的儿童，家园工作人员在关注和爱护他们的同时，积极提供个案服务，对于个别儿童及时进行服务转介，向专业人士和有关专家寻求对个案人员更有利的帮助。各地儿童友好家园正是通过开展一系列不同的活动，保障了儿童友好家园的日常运行，也

实现了儿童友好先进的国际理念。

通过项目运作，各级妇儿工委办总结了一套很好的项目实施经验，进一步提升了部门工作能力与创新工作意识。为保证项目的高效运行，联合国儿基会和各级妇儿工委办通过长期摸索，结合基层志愿者的实践，总结出了一套适合自身发展的运作模式。

1. 注重制度建设和管理实效

为了加强儿童友好家园人财物的管理，明确家园工作人员的义务和责任，让来园儿童及家长享受高质量、更满意的服务，40 个儿童友好家园制定了一系列切实可行的规章制度，如《儿童友好家园管理制度》《入园须知》《家园开放时间表》《安全制度》《突发事件应急处理办法》《家园开园安全告知书》等。这些规章制度较好地规范了家园工作人员日常活动的开展，避免了可能出现的安全隐患，增强了家园应对突发事故的能力，为家园有序、高效的运行提供了保障。

2. 重视加强项目督导与协调

儿童友好家园项目是在国务院妇儿工委办和联合国儿基会的共同指导下，由四川省妇儿工委办牵头实施、相关市（州）、县（市、区）妇儿工委具体开展的一项工作。项目实施三年内，省、市（州）、县（市、区）妇儿工委办严格把关，切实落实对项目人、财、物的管理，为家园的顺利运行提供了保障。为确保儿童友好家园正常运行、保证家园服务质量和效果，项目实行了省、市、县三级项目督导工作。由妇儿工委办负责召集相关领域专家、专业人士组成督导小组，通过现场观察，与基层妇儿工委办的项目负责人、家园工作人员、来园儿童、社区人员交流谈话，查阅家园资料等形式了解家园运转状况，评估家园运行质量，并提出切实可行的改进意见和要求，这使得家园的管理更加规范、运作更加有序有效。据四川省妇儿工委办工作人员介绍，在儿童友好家园项目实施的三年周期内（2008—2011 年），全省上下共开展省级督导 107 次、市州级督导 112 次、县市区督导 492 次，有效地保障了项目执行的质量。

与此同时，为交流儿童友好家园项目的运行情况，建立多部门合作机制，争取当地政府及相关部门的支持，探索家园可持续发展模式，省、市、县三级妇儿工委按项目要求，有计划地开展了项目协调会议和日常沟通协调工作。通过连续的沟通和协调，儿童友好家园获得了不同单位和群体针对家园发展的宝贵建议和支持。例如，有的单位积极对家园提供资金、物资支持；有的单位到家园开展防火、卫生等方面知识讲座；有的单位进行爱心倡导和捐助等。通过先后开展省级协调会5次、市级协调会32次、县级协调会105次的努力，儿童友好家园项目不断获得了各方的关爱和帮助，为友好家园项目的顺利运行提供了更多的资源与支持。

3. 重视加强志愿者队伍建设

为更好地在灾区开展工作，儿童友好家园所在基层妇儿工委办负责选聘了一批灾区群众作为项目志愿者。鉴于他们缺乏相关儿童保护的专业知识和理念、实践经验不足、未受过专业训练的实际，自项目实施之初，各方就十分重视对家园志愿者队伍的能力建设，通过开展专业培训、家园实地指导来提升家园人员素质，并通过QQ、电话等交流方式实现专家和志愿者的衔接。同时，鼓励家园志愿者不断地自我摸索和创新，并为其创造条件以加强他们之间的内部学习和交流。这一系列举措提升了家园志愿者执行项目的能力和水平，保证了项目的有效实施。

4. 注重提供专业技术支持

加强各级妇儿工委办项目工作的能力建设，提升家园工作人员专业素质，更好地为灾区及社区的儿童与家长服务。国务院妇儿工委办和联合国儿基会针对实际工作的需要，组建了四支专业培训队伍对项目工作人员开展专业素质培训。学前教育团队负责就学龄前儿童的问题，对家园工作人员进行培训和指导；社工心理团队主要针对大龄儿童问题进行培训和指导；北大管理团队主要针对项目的管理进行指导；宣传团队主要负责对家园项目进行整体宣传。四支专业团队在技术支持上既突出不同领域又互相补充，形成了一个有机的整体，及时地处理了家园在发展中所面临的各类专业困难。同时，专家团队还通过开展入园私访、搬迁后评估等工作，推动家园项目的有效运行。儿童友好家园在项目运行的三年内，先后举办了省级及以上专家培训18次，专家亲临家园指导90余次，受训人员达6200余人次。专家团队的专业技术支持和帮助，不但保证了儿童友好的国际先进理念通过本土化操作落地灾害重建地区，而且帮助各级妇儿工委办工作人员提升了本职工作的能力，更重要的是帮助家园工作者和志愿者队伍提升了能力。当然，最重要的是当地儿童能力建设得到很大的提升，也让儿童保护、儿童友好等理念深入当地人心。

5. 重视开展项目宣传

为扩大家园知晓率，吸收更多儿童来园活动，获得更多社会力量的支持，以及更大范围地推广儿童友好家园项目，在国务院妇儿工委办和联合国儿基会的指导下，各级妇儿工委分别开展了多种形式的宣传推广活动。例如，通过报纸、电视、网络、简报、电子信息、海报、传单等方式进行宣传。由四川省政府妇儿工委办负责的《儿童友好家园月报》，每月一期，分发至全省21个市（州）、181个县（市、区）以及省级领导和成员单位，及时将40个儿童友好家园的最新动态和活动开展等信息在全省范围内进行宣传和交流。此外，还相继开发了画册、海报、折页等宣传品近10000份，协助中央电视台、《中国妇女报》、《四川日报》等媒体对家园进行深度报道。

儿童友好家园项目在四川地震灾区的实践运行，不但很好地将儿童友好的国际先进理念传递到了灾区，也为灾区儿童及家庭提供了有利于尽早从灾难中恢复的空间。项目的实施和运行，更是对不同群体产生了良好的影响，在让灾区人民了解和掌握这一先进的儿童保护理念以及掌握实践方法的同时，提升了诸多群体的灾区儿童保护能力。而对于家园工作人员、志愿者、各级妇儿工委办工作人员乃至全省儿童工作者来说，这都不失为一种提升自身工作能力的重要途径。

二、可圈可点：项目运行后的成效显著

1. 惠及了大量灾区儿童

项目初创阶段，通过各级项目工作人员的共同努力，家园为儿童提供了安全的活动空间，使儿童心理得到慰藉，帮助灾区儿童尽快地消除了地震造成的不利影响，回归到正常生活。随着灾后重建工作的推进，儿童友好家园扩大了服务范围，将家园的服务延伸到离家园较远社区的儿童和家庭，更多地关注了留守儿童、孤残儿童等特需儿童，部分家园也在实际工作中，探索和开展了儿童早教。儿童友好家园项目通过为儿童和家庭提供良好的卫生保健、家庭教育、心理健康等服务，惠及灾区儿童168万人次，被赞誉为孩子们的“心灵康复地”和“快乐天堂”，为灾区群众走出灾难阴影、重拾生活信心、激发进取精神做出了积极贡献，有力地促进了四川全省灾后儿童事业的发展和灾区恢复重建。

2. 培养了一批具有儿童工作经验的本土志愿者

项目实施三年内，先后培养家园志愿者200多名。家园志愿者们通过接受各类专业培训、实地指导、长期的儿童保护实践以及家园志愿者队伍的内部交流学习，已具备了从事儿童工作的良好专业素质与能力，为以后从事有关儿童的工作打下了扎实的基础。

3. 提升了妇联组织工作能力

家园项目的执行，极大地提升了妇联组织执行国际项目的能力。在开展儿童友好家园以前，大部分的基层妇联组织没有执行国际项目的经历，缺乏相应的工作理念和思路。通过三年来的项目工作，基层妇联组织接收了先进的国际工作理念和思路，锻炼了一批优秀的国际项目工作队伍，提升了执行大型国际项目的能力。

4. 促进了家庭和谐、社会稳定

通过开展家庭成员共同参与的活动、调节不和谐家庭关系、宣传有关儿童权益和儿童保护的理念，使家长和孩子之间实现了有效的沟通，使家庭关系更加融洽，保障了家庭的和谐稳固。同时，家园工作人员切实考虑社区居民的利益，积极组织开展大量社区成员共同参与的活动，实现了社区居民间的良性互动，此外，家园通过联系医疗机构免费为社区居民体检等活动，将社区群众的利益落到实处，促进了社区的稳定健康发展。

5. 提高了儿童保护意识、普及了家庭教育理念

儿童友好家园主要建在家庭教育的理念和方法相对缺乏农村地区。项目运行期间，家园工作人员通过开展活动、举行讲座和入户宣传等形式，传播了国际先进的儿童保护和家庭教育理念。通过工作人员的专业引导，在灾区群众自身的大力参与下，农村地区人们在儿童保护意识、儿童权益意识以及家庭教育理念和方法上都有了显著的提高。

三、醍醐灌顶：项目的实施为四川本土儿童保护提供了经验与启示

1. 在灾难面前注重儿童保护

儿童是特殊需求群体，他们在灾难面前缺乏必要的自我保护能力，因而在灾难面前应首先考虑儿童群体的生存和发展。儿童友好家园项目是在四川5·12特大地震发生之后的第一时间，国务院妇儿工委办和联合国儿基会坚持“儿童优先”的原则，在四川组织实施的旨在保护儿童的重要项目，国内

尚无先例。项目坚持突出“儿童保护”“儿童优先”和“儿童利益最大化”原则，坚持充分考虑儿童的特殊需求，有力地促进了四川省灾后儿童保护工作的有效开展。

2. 充分尊重儿童需求

尊重儿童的需求是做好儿童工作的前提。儿童友好家园项目在充分考虑儿童生存和发展的实际需要以及儿童自身特点的前提下，经过专家、学者多次实地考察论证后得以实施。项目建立以后，家园开展的一系列活动以及针对家园工作人员的专业培训，也是坚持以儿童发展的需求为出发点。在项目的可持续发展上，家园也充分考虑了四川省情和全省儿童的最大、最长远需求。后续儿童友好家园本土化落地生根发展的事实也表明，由儿童友好家园项目传递的儿童优先的理念已经渗入四川儿童工作中。

3. 有效整合各方资源

发挥妇儿工委系统的工作优势，协调多部门开展对灾区儿童的救助，是做好灾后儿童保护工作的关键。灾后儿童保护工作是一项社会系统工程，涉及儿童的居住、安全、卫生、营养、权益保护、教育、收养等领域，需要各级成员单位结合职能特点，发挥自身优势，积极开展针对儿童的灾难救济与灾后恢复工作，在有限的条件下尽量保障受灾儿童的生存、生活与发展权益。

4. 注重基层志愿者培养

基层志愿者队伍是儿童友好家园顺利开展工作的人力保障。儿童友好家园能顺利实现其既定目标，并可持续发展下去，与家园项目拥有一支专业过硬的志愿者队伍分不开。在灾区应急救援与恢复重建阶段的儿童保护工作中，项目培养锻炼了一大批儿童保护工作的骨干队伍与积极分子，他们不仅在既有的灾后儿童保护工作中发挥了重要的作用，还将在今后的相关工作中充当不可替代的重要角色。

5. 重视国际理念的本土化

儿童友好家园项目是在联合国儿基会的支持下建立起来的，它代表着先进的国际理念，如“灾难面前儿童优先”“尊重儿童权益”以及“注重儿童保护”的理念。同时，家园志愿者大都来自受灾地区，家园植根于偏远乡村，所以家园又有着极强的本土色彩。在家园运行过程中，工作人员在充分吸收国际先进理念的同时，又切实考虑家园所在地的传统文化和习惯。通过项目人员的不断摸索，儿童友好家园成功地实现了国际理念和本土文化习惯的融合。

6. 重推动项目的可持续发展

儿童友好家园项目是一个实实在在为儿童和社区居民提供实惠的项目，为使儿童长远受益，实现项目可持续发展，从项目实施之初，注重从长远发展角度思考和实施开展项目工作就已经成为项目实施的应有之意。在项目选点时，针对灾区儿童活动场所设施缺乏等情况，家园项目点被选在农村、选在社区。项目实施后，各级妇儿工委积极争取当地党委政府的支持，为项目的顺利实施和可持续发展创造了有利条件。在项目发展从紧急状态应急模式逐步过渡到常态发展模式的阶段，省政府妇儿工委办抓住契机，及时以专题的形式向省政府汇报了家园的可持续发展方案，并得到了支持。落地生根发展壮大，从来都是好的项目设计的初衷和追求，儿童友好家园项目在四川省的本土化发展和可持续发展后劲之足，也充分证明了四川在推进儿童友好家园项目可持续发展方面的努力和坚持是正确的。

四、落地就要生根：对项目可持续发展的思考与努力

为了巩固儿童友好家园项目实施三年的既有成果，满足儿童成长发展长期需求，促进儿童健康成长，2010 年 7 月四川省人民政府办公厅转发了省政府妇儿工委办报送的《关于儿童友好家园可持续发展的实施意见》（以下简称《意见》），明确儿童友好家园在项目结束后由当地政府接管，并就落实家园的场地、人员、经费等方面提出了具体要求。《意见》下发后，各相关市（州）、县（市、区）政府高度重视，通过政府出台文件、领导批示等方式，在儿童友好家园的场地、运行资金、人员配备等方面给予保证，落实了儿童友好家园项目的可持续发展。

1. 推动政策的继续落实

尽管《意见》出台后相关市、州和县、区做出了积极的响应，在人员、资金、场地等方面给予了明确的保障，但部分地区迟迟没有出台正式文件来保障家园的后续发展，此外，部分地区虽得到领导的批示，但在经费、人员等方面的并未给出明确标准。针对这些情况，各级妇儿工委办不懈努力地推动项目可持续发展，通过协调各成员单位的工作，尽最大可能去促进各地将《四川省人民政府办公厅转发省妇儿工委办关于儿童友好家园可持续发展的

实施意见的通知》的精神落到实处。

2．抓住创新社会管理的契机，推广儿童友好家园模式

儿童友好家园的成功经验表明，儿童友好家园不是学校，也不是幼儿园，而是根植于社区和服务于儿童及居民的开放型、补缺型场所，能很好地满足儿童成长和发展的需求，扩展社区功能，促进社区家庭和谐，保障社会稳定。对此，各级妇儿工委办牵头，紧紧抓住当时各级党委政府推进创新社会管理的契机，努力使儿童工作扎根基层社区，推动家园模式在全省范围内推广。

第三节　拓展服务：依托儿童友好家园探索社区儿童保护体系建设

儿童友好家园项目是2008年5・12汶川特大地震后，从“紧急事件中特别突出儿童保护”的理念出发，由国务院妇儿工委办与联合国儿基会合作，借鉴国际上紧急救灾中儿童保护的经验，在四川省试点运行的儿童保护项目。项目最初的宗旨是为受地震灾害影响的儿童及其家庭提供游戏、娱乐、教育、卫生与社会心理支持等一体化服务，帮助灾区儿童消除地震造成的不利影响，回归正常生活。项目实施的几年实践充分证明，儿童友好家园是儿童保护工作的全新探索和创新实践，儿童友好家园的理念和方法同样适用于常态下的社区儿童保护与服务工作，为探索建立以社区为基础的儿童保护与服务体系创造了成功经验。

1．儿童友好家园必须依托社区，利用社区资源，为社区服务

社区是儿童生活的主要场所。儿童有一半的时间在学校，有一半的时间在社区和家庭。在以往的儿童保护中，更多的是通过行政部门和机构为儿童提供服务，对家庭和社区在儿童保护中的责任、作用、能力认识不足。随着社会经济和社会生活的发展，随着政府职能的转变，管理和服务的重点下移，大量的社会管理、服务职能归结到社区。因此，在社会管理创新中，需要将儿童保护与服务工作纳入社区的管理和服务的职能中，建立以社区为基础的儿童保护运行机制。儿童友好家园就是社区开展儿童保护和服务工作的

一个有效途径。社区通过家园为儿童及其家庭提供更加便捷、直接的服务，社区儿童及其家庭也通过家园来满足自己的需求。

2. 儿童友好家园的建设需要政府主导，部门支持，社会参与

儿童友好家园的建立和运行离不开政府和相关部门的大力支持，需要建立多部门合作的工作机制，需要社会各界的共同参与。儿童友好家园项目在四川灾害重建的关键时期发挥了重要作用。在项目周期内的几个关键时刻，四川省各级党委政府和妇儿工委办高度重视儿童友好家园项目的实施和对这一模式的探索发展。例如，在紧急救灾当中，四川省领导多次就灾区儿童保护做出批示，有关部门和地方政府对家园建设给予人员、场地等方面的支持；灾后重建中，四川省人民政府办公厅出台了《关于儿童友好家园可持续发展的实施意见》，要求各级政府从场地、经费、人员方面将家园纳入灾区重建规划，纳入社区公共服务体系。基层政府在家园的建设中发挥了主导作用，为家园提供了房屋、人员和设备等保障条件，为家园的可持续发展创造了有利的条件。

3. 科学完整的服务体系是儿童友好家园的核心工作内容

儿童友好家园不是一个单纯的儿童活动场所，而是一个为儿童提供游戏、体育、娱乐活动、教育、生活、营养和卫生保健知识、行为技能指导、社会心理支持和转介服务等一体化服务的平台。因此，家园除配备基本设施设备等硬件外，从规划设计到管理运行都应从社区和儿童需求出发，建立和完善服务体系。要根据需要，配备专兼职的、具备一定专业知识的儿童工作者。需要从社区和儿童需求出发来进行规划和服务设计，需要从儿童权利的视角出发来建立规范的管理体系和运行机制，需要持续加强工作人员的能力建设，需要有完善的监督和评估机制。

4. 能力建设是儿童友好家园管理水平与服务质量的重要保证

儿童友好家园非常注重管理和工作人员的能力建设，家园从建立之初，就组建了设计、心理社工、学前教育、监测评估、宣传倡导等5支专家团队，从总体设计、宣传培训、业务指导、督导评估等方面为家园提供技术支持与服务。专家组相继开发了《儿童友好家园工作指南》《儿童友好家园管理与发展手册》《儿童友好家园家庭教育系列读本》《儿童友好家园基本规范》等指导儿童友好家园建设和发展的专业资料。各专家团队还针对各级妇儿工委办和家园工作人员开展了多层次的业务培训、现场专业指导和督导与

评估，各级妇儿工委办也对家园开展了行政督导。培训与督导提高了家园工作人员的业务能力，也提高了家园的管理水平和服务质量。

经验从来不止于总结，在四川省儿童友好家园项目存续期间，2010 年 4 月 14 日，中国青海省玉树藏族自治州玉树县发生了 6 次地震，最高震级7.1 级，造成比较严重的人员伤亡和财产损失。以四川儿童友好家园的运作经验为借鉴，国务院妇儿工委办与联合国儿基会再次合作，第一时间在青海玉树地震灾区建立了 4 所家园，为在高寒、高原、少数民族地区开展儿童保护救助工作探索积累了更多经验。2013 年 4 月 20 日 8 时 02 分，四川省雅安市芦山县再次发生 7.0 级地震，震中芦山县龙门乡 99％以上房屋垮塌，地震共计造成 196 人死亡、21 人失踪、11470 人受伤，受灾人口超过 152 万，受灾面积约 12500 平方千米。4・20 芦山地震后发生后，国务院妇儿工委办和联合国儿基会再次合作，在芦山县继续支持和新建了 5 所儿童友好家园，分别是天全县儿童友好家园、宝兴县儿童友好家园、芦山县芦阳镇儿童友好家园、芦山县龙门乡儿童友好家园和芦山县清仁乡儿童友好家园。它们以保护儿童权利和促进儿童发展为宗旨，打造了一套全新的社区服务体系，为儿童提供一个和谐安全的活动空间。

儿童友好家园项目在四川的运行，为探索社区儿童保护体系建设提供了丰富的素材。从家园项目我们不难看出，社区儿童保护体系建设是一个系统工程，是一个多层次、全方位、多元主体并存的实践性探索。可以说，儿童友好家园项目为建立以社区为基础的儿童保护和服务体系奠定了基础并积累了经验。当然，虽然探索以社区为基础，建立更加完善、系统化、制度化的儿童全力保护体系，为儿童营造一个可获得保护的环境任重道远，但我们也一直在努力着。

第七章

儿童之家建设：儿童友好家园实现成功转型

第一节　顶层设计：儿童友好家园向儿童之家转型

家园项目结束后，为继续满足儿童成长需求，实现项目平稳过渡，从中央到地方，各级政府相继出台多项举措，确保实现儿童友好家园的本土化发展，从顶层设计的角度，助推儿童友好家园向儿童之家成功转型。

2010年，四川省政府办公厅印发了《关于儿童友好家园可持续发展的实施意见》，明确了家园的管理主体、服务功能，在场地、资金、人员等方面提供了有力保障。经过几年努力，四川儿童友好家园逐步向儿童之家过渡，发展成集开展主题活动和技能培训、关注特殊困境儿童和留守儿童、与社区合作为一体的社区儿童服务和保护新模式，成功完成由联合国儿基会资金支持、项目化运作到以地方政府财政预算支持为主、地方运作的转变，家园实现了可持续发展。

按照国务院妇儿工委办与联合国儿基会最初的合作协议，儿童友好家园项目的周期只有三年时间（2008年6月—2011年5月），联合国儿基会的大部分经费支持在2011年5月底结束。为实现项目的平稳过渡，在国务院妇儿工委办和联合国儿基会的指导与支持下，四川省妇儿工委办和相关市、县级妇儿工委办针对家园的可持续发展，做了大量研讨与协调工作，并得到了四川省人民政府和家园所在地的党委及政府的大力支持。2010年7月省政府办公厅转发了省妇儿工委办报送的《关于儿童友好家园可持续发展的实施意见》（下文简称为《意见》），明确家园在项目结束后由当地政府接管，并对家园的场地、人员、经费等问题提出了具体要求（以下为《意见》的全文）。

四川省人民政府办公厅转发省妇儿工委办关于儿童友好家园可持续发展的实施意见的通知

（川办函［2010］125号）

有关市（州）、县（市、区）人民政府，省政府有关部门、有关直属机构：

省政府妇女儿童工作委员会办公室《关于儿童友好家园可持续发展的实施意见》已经省政府同意，现转发你们，请认真落实。

“5·12”汶川特大地震发生后，在国务院妇儿工委办和联合国儿童基金会（以下简称联合国儿基会）的支持帮助下，我省成都市、攀枝花市、德阳市、绵阳市、广元市、雅安市、阿坝州、凉山州等8市（州）的21个县（市、区）地震灾区建立了40所儿童友好家园（以下简称“家园”），“家园”面向所有儿童，实行全天免费开放。据统计，从2008年9月到2010年6月，到“家园”学习活动的儿童达147781人、516873人次。“家园”的建立，不仅在当时救灾紧急情况下为灾区儿童提供了安全的活动空间，而且在灾后较长时期内，通过为儿童提供游戏、娱乐和同伴活动机会，为儿童消除地震灾难造成的不良心理影响、培养社会发展能力发挥着重要作用。“家园”项目实施近两年来，深受灾区儿童和家庭喜爱，受到灾区群众普遍欢迎，也得到了各级党委和政府的充分肯定，为灾后儿童心灵重建与灾区的和谐稳定做出了积极贡献。

“家园”项目周期为3年，预定于2011年5月结束。届时，联合国儿基会将停止资金和设备支持。根据农村儿童活动场所缺乏的现状，为满足儿童成长发展需求，促进儿童健康成长，现就“家园”可持续发展提出如下实施意见。

一、归属问题

2011年项目结束后，建议由“家园”所在县（市、区）人民政府接管。

二、服务功能

各地在“家园”过去开展活动的基础上，进一步拓展服务功能，特别要为农村留守、孤残、单亲等特需儿童和0～3岁儿童提供有针对性的服务，以填补农村儿童活动阵地和服务空白。

（一）提供儿童课外指导服务。组织儿童开展课外活动。儿童放学后或假期可到“家园”阅读课外书籍，由工作人员或志愿者组织开展符合儿童特点、健康有益的游戏、文娱、体育等活动。

（二）提供儿童成长指导服务。开展儿童生活技能、人际交往、心理行为等方面的指导和服务，通过电脑视频、亲情电话等增进儿童特别是留守儿童与父母的亲情沟通。

（三）提供家庭教育指导服务。对0～3岁婴幼儿及其家庭开展亲子游戏活动，进行科学育儿指导和服务。开展面向家长及临时监护人的培训，宣传普及家庭教育科学知识，开展相关指导和服务。

（四）提供家庭困难救助服务。实行多部门联动，并积极动员社会力量参与，为家庭困难和特需儿童协调解决一些实际困难和问题。

（五）提供实用技术培训服务。面向大龄女童和儿童母亲开展多种形式的实用技术培训，引导和鼓励妇女在便于照顾儿童的前提下就地就近转移就业。

三、保障措施

各地要将“家园”纳入当地政府灾后恢复重建规划，纳入社区公共服务体系，实行统筹安排，在场地、资金、人员等方面提供保障，支持“家园”可持续发展。

（一）场地保障。要为“家园”提供符合安全标准的活动场所，包括50平方米以上的室内空间和适当的室外活动空间。对目前已在永久性房屋中的“家园”，要继续保证其使用；对因房屋质量或其他原因尚需搬迁的“家园”，要积极整合资源，依托乡村文化活动站或其他公共活动场所及时解决场地问题。

（二）经费保障。建议各地将“家园”运转经费纳入政府年度财政预算，为每所“家园”每年提供3000～5000元运行经费，用于必要的活动消费及器材、图书的补充等。

（三）人员保障。每所“家园”应配备1～2名工作人员。各地可采取政府购买服务的形式，为每所“家园”设立1～2名儿童工作公益岗位，由大学生“村官”担任或从现有“家园”工作人员、乡村退休教师中招募，具体负责“家园”的管理和运行。同时，积极鼓励志愿者和家长参与“家园”的服务。

四、组织管理

“家园”的组织管理工作由各县（市、区）妇儿工委牵头，乡镇社区具体负责。对目前建在社区的“家园”，要与农村社区文化资源进行有机整合，切实解决和落实好其场地、人员、经费问题。对目前设在学校、幼儿园合作管理的“家园”，为避免功能上的重复，更好地满足更多农村儿童的需求，应将“家园”从学校幼儿园迁出，另设在更有需要的农村社区，将其建成集儿童校外活动、关爱留守儿童和0～3岁儿童早期发展教育为一体的多功能儿童服务活动阵地。

附件：儿童友好家园搬迁情况及管理模式（川办函［2010］125号附件）

<table>
<tr><th>市（州）</th><th>县（区）</th><th>家　园</th><th>家园地址</th><th>管理模式</th></tr>
<tr><td rowspan="3">成都市</td><td rowspan="3">彭州市</td><td>天彭家园</td><td>彭州市天彭镇锦阳社区</td><td>妇儿工委办与社区共同管理</td></tr>
<tr><td>丽春家园</td><td>彭州市丽春镇花街子社区</td><td>妇儿工委办直接管理</td></tr>
<tr><td>敖平家园</td><td>彭州市敖平镇楠桥村板房安置点103幢</td><td>妇儿工委办直接管理</td></tr>
<tr><td rowspan="3">攀枝花市</td><td rowspan="2">仁和区</td><td>平地家园</td><td>攀枝花市仁和区平地中心校内</td><td>妇儿工委办与学校共同管理</td></tr>
<tr><td>大龙潭家园</td><td>攀枝花市仁和区大龙潭乡中心校内</td><td>妇儿工委办与学校共同管理</td></tr>
<tr><td>盐边县</td><td>和爱家园</td><td>盐边县和爱乡中心校内</td><td>妇儿工委办与学校共同管理</td></tr>
<tr><td rowspan="5">德阳市</td><td>什邡市</td><td>红白家园</td><td>什邡市红白镇场镇</td><td>妇儿工委办与社区共同管理</td></tr>
<tr><td rowspan="3">绵竹市</td><td>遵道家园</td><td>绵竹市遵道镇学校内</td><td>妇儿工委办与幼儿园共同管理</td></tr>
<tr><td>汉旺家园</td><td>绵竹市汉旺镇学校内</td><td>妇儿工委办与幼儿园共同管理</td></tr>
<tr><td>九龙家园</td><td>绵竹市九龙镇学校内</td><td>妇儿工委办与学校共同管理</td></tr>
<tr><td>旌阳区</td><td>柏隆家园</td><td>德阳旌阳区柏隆镇场镇活动板房区</td><td>妇儿工委办直接管理</td></tr>
</table>

续表

市（州）	县（区）	家 园	家园地址	管理模式
绵阳市	江油市	李白大道家园	江油市太平镇学校内	妇儿工委办与学校共同管理
		武都家园	江油市武都镇中心幼儿园内	妇儿工委办与幼儿园共同管理
		三合家园	江油市三合镇江电板房安置区京江二社区 B4-1	妇儿工委办直接管理
	平武县	平通家园	绵阳市平武县平通镇中心小学校内	妇儿工委办与学校共同管理
		龙安家园	绵阳市平武县龙安幼儿园内	妇儿工委办与学校共同管理
	安县	晓坝家园	安县晓坝镇中心村 6 组	妇儿工委办与社区共同管理
		秀水家园	安县秀水镇顺江板房区汴安小区 8 组 5 排	妇儿工委办直接管理
		沸水家园	安县沸水镇社区板房	妇儿工委办直接管理
		茶坪家园	安县茶坪镇土桥社区	妇儿工委办直接管理
	北川县	永兴家园	北川县永兴板房区	妇儿工委办直接管理
		柳林家园	北川县擂鼓镇柳林村	妇儿工委办直接管理
		胜利家园	北川县擂鼓镇胜利村	妇儿工委办直接管理
广元市	利州区	大石家园	广元市利州区大石镇小稻村	妇儿工委办与社区共同管理
		上西家园	广元市利州区上西街道	妇儿工委办与社区共同管理
	青川县	乔庄家园	青川县乔庄镇东山小区	妇儿工委办与社区共同管理
		竹园家园	青川县竹园镇清江路 99 号	妇儿工委办与幼儿园共同管理
	元坝区	柳桥家园	广元市元坝区柳桥乡	妇儿工委办直接管理
	朝天区	朝天家园	广元市朝天区朝天镇清风村	妇儿工委办直接管理

续表

市（州）	县（区）	家　园	家园地址	管理模式
雅安市	芦山县	横溪家园	芦山县横溪村村委会办公室内	妇儿工委办与社区共同管理
		古城家园	芦山县龙门乡古城村村级活动室内	妇儿工委办直接管理
	天全县	城厢家园	天全县解放街165号天全第一幼儿园内	妇儿工委办与幼儿园共同管理
阿坝藏族自治州	九寨沟县	永和家园	九寨沟县永和乡中心校内	妇儿工委办与学校共同管理
		永乐家园	九寨沟县永乐镇	妇儿工委办与幼儿园共同管理
	茂县	滨河大道家园	茂县凤仪镇羌兴大道同心幼儿园内	妇儿工委办与幼儿园共同管理
	理县	杂谷脑家园	理县杂谷脑小学幼儿园内	妇儿工委办与幼儿园共同管理
	小金县	美兴家园	小金县美兴镇政府会师广场板房区	妇儿工委办直接管理
凉山彝族自治州	会理县	小黑箐家园	会理县鹿厂工业园区小黑箐乡	妇儿工委办与学校共同管理
		通安家园	会理县通安工业园区新发乡中心校内	妇儿工委办与学校共同管理
		力马河家园	会理县黎溪工业园区力马河社区	妇儿工委办与学校共同管理

省政府《意见》下发后，各相关市（州）、县（市、区）政府高度重视，纷纷制定出台可行性方案以贯彻落实文件要求。同时，各地因地制宜，多措并举，在保证儿童友好家园模式可持续发展的同时，也不断拓展工作思路，丰富儿童工作内容。

2010年8月，绵阳市政府妇儿工委主任、副市长林新专门就落实《四川省人民政府办公厅转发省妇儿工委办关于儿童友好家园可持续发展的实施意见的通知》（川办函〔2010〕125号）文件精神做出批示，要求绵阳市妇儿工委办牵头抓好落实工作。为巩固“儿童友好家园”项目在绵阳实施三年来所取得的成果，切实做好儿童友好家园的可持续发展工作，建立儿童友好家园长效工作和保障机制，2010年9月25日，绵阳市政府办公室向项目县人民政府和市级有关单位下发了《绵阳市人民政府办公室关于进一步做好联合国儿童友好家园有关工作的通知》（绵府办函〔2010〕319号），对儿童友好家园可持续发展做出安排部署，确立了“政府主导、社会支持、部门配合、资源整合、巩固项目、提升效益”的儿童友好家园可持续发展思路，明确了家园归属和功能职责以及场地、经费、人员、管理等相关保障。

按照绵阳市政府的文件要求，儿童友好家园所在项目县相应地进行了安排部署，北川县、江油市均由政府发文，对家园可持续发展进行了明确指示，安县、平武家园可持续发展也已得到了政府分管领导的批示，将在项目结束后进行落实。

在家园项目执行过程中，绵阳市妇儿工委办还注意及时总结经验，加强成果转换，探索出妇女儿童阵地保障的新路子。通过市妇儿工委办的努力争取，2011年2月23日，绵阳市人民政府办公室下发了《关于转发市发改委等部门〈关于在乡镇综合文化站增挂“妇女儿童之家”牌子 加强妇女儿童活动阵地建设的意见〉的通知》（绵府办函［2011］55号）。要求各地要以“资源共享、提高效益”为原则，加强统筹规划，确保在2011年年底前所有乡镇综合文化站全部增挂“妇女儿童之家”牌子并发挥其应有职能。同时要求文化、妇联等部门要积极争取社会各界的大力支持，积极探索乡镇文化站和妇女儿童之家发展壮大的可行路子，确保妇女儿童活动阵地发挥最佳的社会效益。

2010年11月，德阳市什邡市人民政府出台了《关于促进儿童友好家园可持续发展的意见》，文件要求在联合国儿基会撤资后，将家园运转经费纳入市政府年度财政预算。家园在联合国儿基会撤资后，由市妇儿工委办接管，每年9万元的人员工资和运行经费纳入市财政预算，确保家园4名工作人员的配备、日常活动的开展以及设施设备的更新，同时要求家园在过去开展的活动的基础上，进一步拓展服务功能，为农村留守、孤残、单亲等特需儿童和3岁以下儿童提供有针对性的服务，以填补农村儿童活动阵地和服务的空白。

2010年10月，雅安市芦山县人民政府下发了《芦山县人民政府办公室转发芦山县人民政府妇儿工委办公室关于儿童友好家园可持续发展的实施意见的通知》，明确规定项目结束后，芦山县2所儿童友好家园分别由横溪村委、古城村委提供充足的固定场所，横溪家园由清仁乡协助管理，古城家园由龙门乡协助管理，经费从财政专项经费中拨付，保留家园1名至2名志愿者，并由村干部或村优大生兼任。

雅安市天全县关于儿童友好家园的后续发展方案得到了时任县委书记的批示，在县妇儿工委领导的努力下，家园迁入县工会活动中心。项目结束后，家园将设立3名儿童工作公益岗位，人员为现有家园工作人员或从大学生“村官”、乡村退休教师中招募，家园运转经费纳入政府年度财政预算。县财政每年为家园提供8000元运行经费和36000元的工作经费支持。

自四川省人民政府出台《关于儿童友好家园可持续发展的实施意见》至2011年5月儿童友好家园项目周期结束前，地方政府支持接管了36所儿童友好家园。四川儿童友好家园已经由最初为儿童提供安全场所、提供教育娱乐服务、帮助回归正常生活为主要功能的应急模式，成功转型为集传播儿童保护理念、促进儿童综合发展、关爱服务特殊儿童为一体的社区儿童保护常态模式，成为根植于社区、融合于社区、为社区所有儿童提供保护和服务的有效载体，实现了家园的可持续发展。

2011年国务院颁布了《中国儿童发展纲要（2011—2020年）》（简称《纲要》），明确提出了“90%以上的城乡社区建立一所为儿童及其家庭提供游戏、娱乐、教育、卫生、社会心理支持和转介等一体化服务的儿童之家”的目标，并制定了相应的策略措施，鉴于各地存在不同名称的儿童活动场所和机构，《纲要》提出将这些场所和机构统称为“儿童之家”。至此，四川儿童友好家园从最初的紧急救援状态，逐步发展成为以社区为基础的儿童之家，由最初为儿童提供安全空间、提供教育娱乐服务、帮助回归正常生活为主要功能的应急模式，成功转型为集传播儿童保护理念、促进儿童综合发展、关爱服务特殊儿童为一体的社区儿童保护常态模式，成为根植于社区、融合于社区、为社区所有儿童提供保护和服务的有效载体，为提升四川省儿童工作的水平和质量发挥了重要作用。儿童友好家园作为儿童之家的一个成功范例，将对全国儿童之家建设继续发挥示范和引领作用，儿童友好家园实现了向儿童之家的成功转型。

第二节 落地生根：儿童之家对儿童友好家园理念的传承与创新

灾害中的儿童、妇女、老人和残障者等弱势群体最容易受到伤害。儿童有不同于成人的特殊需求，需要更周到的生活照顾、不间断的营养供给和社会心理支持。因此，灾害救援应将儿童放在优先考虑的位置，即坚持“儿童优先”和“儿童友好”。

“儿童优先”也是我国促进儿童发展的基本原则，早在《中国儿童发展纲要（2001—2010年）》中，国家就已经把坚持“儿童优先”原则写进了儿童发展的总目标，要求国家在制定法律、发展计划、方针政策和资源配置等方面要体现“儿童优先”。坚持“儿童优先”原则，主要是根据儿童发育和发展的需要。首先，儿童期特别是儿童早期是儿童生理、心理发展的关键时期，也是儿童从不成熟逐步走向成熟的时期。坚持“儿童优先”就是要为儿童成长提供必要的条件，给予儿童必需的保护、照顾和正确的教育，将使儿童获得良好的人生开端，为儿童一生的发展奠定良好的基础。其次，早期投入对于开发人力资源、提高国民素质、提高经济和社会效益具有重要意义。研究表明，儿童期良好的健康和智力发展，有利于提高劳动生产力、就业质量、工资报酬、资产占有率，有利于社会消除贫困、降低失业率和犯罪率。因此，有远见的政府都应该把儿童放在最优先考虑的位置。最后，国家对于儿童早期的投入，可以节省其成年以后用于补偿教育、医疗保健、康复和社会保障等方面的费用，减轻国家的经济负担。

“儿童友好”讲究以儿童为本、以人为本，为儿童创造良好的成长环境和提供良好的服务是其根本之意。“儿童友好”有三层含义：①它是一个平等的概念，承认儿童的权利主体地位，尊重儿童的感受；②它是一个发展的概念，关注儿童周围环境和个体的变化；③它是一个互动的概念，重视儿童与成人、儿童与家庭、儿童与儿童之间的交流与反馈。

正是坚持了“儿童优先”“儿童友好”的理念和原则，在2008年5·12汶川特大地震发生后，从“紧急事件中特别突出儿童保护”的理念出发，国务院妇儿工委办公室与联合国儿基会合作，借鉴国际上紧急救灾中儿童保护的经验，在四川省建立并运行了儿童友好家园，在灾后根据儿童的特殊需求，为儿童提供适合他们身心特点的保护和服务，为受地震灾害影响的儿童及其家庭提供游戏、娱乐、教育、卫生与社会心理支持等一体化服务等，帮助灾区儿童消除地震造成的不利影响，回归正常生活。

儿童友好家园在保护受灾害影响的儿童中发挥了积极作用，取得了明显成效，受到了灾区群众特别是广大儿童和家长的欢迎，为灾区社会的和谐稳定和灾后儿童保护工作做出了积极贡献。几年来的实践表明，儿童友好家园是在重大自然灾害和紧急状态下开展儿童保护和服务工作的有效途径，它为今后我国的灾难救助和儿童保护工作提供了重要的参考借鉴。

最可贵的是，家园项目结束后，为继续满足儿童成长需求，实现项目平稳过渡实现本土化可持续发展，四川省先后出台了多项举措。特别是在2010年，由四川省人民政府办公厅印发的《关于儿童友好家园可持续发展的实施意见》，明确了家园的管理主体、服务功能，在场地、资金、人员等方面提供了有力保障。在此之后，各级妇儿工委认真贯彻落实《四川省人民政府办公厅转发省妇儿工委办关于儿童友好家园可持续发展的实施意见的通知》精神，各相关市（州）、县（市、区）政府高度重视，纷纷制定出台可行性方案贯彻落实文件要求，有效解决了家园所需人员、场地、经费问题，为家园持续发展奠定了牢固基础。如绵阳市人民政府办公室批转了市发改委、文新局、财政局、妇联等部门《关于在乡镇综合文化站增挂“妇女儿童之家”牌子 加强妇女儿童活动阵地建设的意见》，明确了儿童之家的活动场地、责任主体、投资渠道，在全市推动儿童之家建设，实现了由联合国儿基会资金支持、项目化运作到以地方政府财政预算支持为主、地方运作的转变。

此外，各地家园也积极结合当地的具体情况，走上了因地制宜的发展道路，在承接机制、经费保障、人员队伍等方面形成了不同的模式。①承接机制方面：一是利用当地社区资源，走社区性儿童友好家园道路；二是将儿童友好家园与青少年活动中心、妇女儿童活动中心、乡镇综合文化站、村文化活动室统筹建设，实行共同建设、共同管理、共同使用；三是纳入教育系统统一管理，与当地幼儿园或小学合作办园。②在经费保障方面：各地普遍把经费纳入了政府年度财政预算，基本保障了人员报酬、活动开展和运行等方面经费，每个家园每年解决了1.5万元到10万元不等的经费。③在人员队伍方面，大部分家园保证了1个至2个工作人员，在人员配备较少的地方，通过招募志愿者、发挥家长委员会骨干作用等方法，家园在工作人员方面得到了较好补充。一些地方通过使用公益岗位安排家园工作人员，较好地稳定了人员队伍。经过几年努力，四川儿童友好家园逐步向儿童之家过渡，发展成为集开展主题活动和技能培训、关注特殊困境儿童和留守儿童、与社区紧密合作等为一体的社区儿童保护和服务新模式，成功完成由联合国儿基会资金支持、项目化运作到以地方政府财政预算支持为主、地方运作的转变，家园实现了可持续发展。四川儿童友好家园由为儿童提供安全场所、提供教育娱乐服务、帮助回归正常生活为主要功能的应急模式，成功转型为集传播儿童保护理念、促进儿童综合发展、关爱特殊儿童为一体的社区儿童保护常态模式，成为根植社区、拓展社区儿童服务功能、为社区所有儿童提供保护和服务的有效载体，儿童友好家园这一国际先进的理念落地生根，实现了由儿童友好家园向儿童之家的成功过渡。

现在，全国许多地区已经建设了多种形式的儿童活动与服务场所，诸如“留守儿童之家”“寸草心家园”“儿童快乐家园”等，虽然名称不一，但都继续按照儿童友好家园的理念和模式在运作。也有很多地区充分利用社区文化站、活动室等固定场所，建立儿童之家，为城乡儿童特别是流动儿童、农村留守儿童、孤残、单亲等特需儿童提供服务。

当然，各地在秉承儿童友好家园先进理念建设和运行儿童之家的同时，也不断地创新工作思路和方法，为实现儿童友好家园的本土化发展不断推陈出新。根据各地的不同情况来看，这些创新集中体现在以下几个方面。

(1) 明确责任，加强合作。建立有效的管理和运行机制，确保实现儿童之家的正常运行。社区儿童工作具有跨部门合作的特征，减少不同部门的对接环节、加强部门之间的合作是这项工作的关键。根据《中国儿童发展纲要(2011—2020年)》目标责任分解书，建立儿童之家的主要责任单位是民政部、全国妇联、中国科协和共青团中央，责任单位是国家发改委和住房城乡建设部。从儿童友好家园项目在四川运行的几年实践来看，大部分儿童友好家园采用的是政府和有关部门建设、依托社区、动员专业人员和志愿者参与服务的管理和运行模式，这也是儿童之家的主要发展模式。因此，需要动员政府、有关部门和社会各方力量关注儿童之家，参与儿童之家建设。无论是由哪个部门管理，都应确保儿童之家建立在社区，有固定的场地，配备一定数量的符合儿童需求的设备设施，有一定的运行经费，有专门的人员来开展服务。只有这样，儿童之家才能够真正运行起来，否则就是一个空壳家园，发挥不了作用。儿童友好家园成功转型为儿童之家后，各级政府和妇儿工委办不断创设条件，有条件的地方通过政府购买公益性岗位，或设立专门的儿童社会工作岗位来解决儿童之家工作人员问题，同时，鼓励志愿者和家长参与服务。参照由国务院妇儿工委办牵头起草的《儿童友好家园基本规范》，各地也努力解决儿童之家的场地、设备、经费、管理等方面的问题。

（2）加强管理，科学运作，提高儿童之家的服务能力和水平。儿童之家不同于正规的儿童服务机构，它既不是学校，也不是幼儿园，而是非正规的补缺型的儿童服务机构。它不能代替正规服务机构的功能，而应作为正规机构的功能补充，发挥拾遗补阙的作用。针对这些特性，儿童之家的服务理念、运行和管理方式有其特殊性，国务院总结儿童友好家园项目在我国运行4年的经验，负责编写出版了《儿童友好家园工作指南》，从家园的创建、服务、管理、社区融合、监测与评估等方面对儿童友好家园做出了全面的阐释，为儿童之家的建设和运行提供理念、技术和方法指导，充分借鉴运用儿童友好家园的理念和方法，提高儿童之家的服务能力和水平。

（3）充分发挥儿童之家的辐射和带动作用，探索以儿童之家为载体的社区儿童保护与服务体系的建立。以社区为依托，动员社区资源建立保护儿童权利的工作机制和综合服务体系，让所有儿童享有安全、友爱、快乐的社区生活是儿童保护的重要课题。儿童之家根植于社区，服务于社区，是社区儿童保护体系的重要组成部分，在社区儿童保护与服务体系中承担着重要的职能和作用。儿童之家是社区儿童服务的重要平台和枢纽：一方面，社区可以利用儿童之家这个平台将社区工作传递延伸到基层，通过组织各种联谊、沟通和聚会活动，增强社区的凝聚力；另一方面，社区可以动员有关部门、机构和社区成员关心儿童之家的建设和管理，为儿童之家提供支持和帮助。因此，在国务院妇儿工委办的指导下，各级妇儿工委办开始不断探索，充分发挥儿童之家的作用，并将儿童之家的建设与社区儿童保护与服务体系的建立有机结合起来。通过儿童之家争取政府和部门支持，通过儿童之家凝聚社会力量，通过儿童之家提升儿童保护的专业化和社会化水平，通过儿童之家为建立社区儿童保护与服务体系奠定基础。

总体来看，儿童友好家园从最初的紧急救援状态，逐步发展成为以社区为基础的儿童之家，由最初为儿童提供安全空间、提供游戏娱乐服务、帮助回归正常生活为主要功能的应急模式，成功转型为集传播儿童保护理念、促进儿童综合发展、关爱服务特殊儿童为一体的社区儿童保护常态模式，成为根植于社区、融合于社区、为社区所有儿童提供保护和服务的有效载体，为提升我国儿童工作的水平和质量发挥了重要作用。

第三节 百花齐放：顺势而为推进儿童之家建设（量的加强，质的保障）

完善面向儿童的公共服务体系、满足儿童的公共服务需求、提高公共服务水平是加强和创新社会管理的重要内容，而这一体系的建设和运行离不开全国上下的努力。自2011年国务院颁布的《中国儿童发展纲要（2011—2020年）》明确提出“90%以上的城乡社区建立一所为儿童及其家庭提供游戏、娱乐、教育、卫生、社会心理支持和转介等一体化服务的儿童之家”的目标之后，如何加快儿童之家建设已经成为社区开展儿童保护和服务工作、提高儿童公共服务水平的重要任务。除国家纲要外，各省份分别将儿童之家纳入儿童纲要规划的目标，并制定了规划方案来推动家园的建设与发展。

四川省多措并举，积极贯彻落实国务院颁布的《中国儿童发展纲要（2011—2020年）》，省级层面先后出台加强儿童之家建设、加强农村留守儿童关爱保护、加强困境儿童保障和妇女儿童工作专项行动计划等系列文件，明确到2020年全省90%的乡镇建成儿童之家，建立有效的管理和运行机制。各市（州）积极响应，有力推进，全省儿童之家建设呈现出百花齐放的新局面。成都市以“点位试点＋区域试点＋顶层设计”的思路，通过专业理念、专业团队、专业执行，对全市儿童之家建设进行统筹引领，探索出院落式、集聚式、散居式、校园式等建设模式，建立运行各类儿童之家。泸州、绵阳、广安、达州、巴中等市将儿童之家建设纳入民生工程，配套专项财政资金。其他市（州）也采取多种形式，在项目、经费上给予支持，鼓励县（市、区）打造儿童之家，截至2016年底，全省建成儿童之家21670个，服务儿童688.15万人次。

与此同时，在总结各地儿童之家建设经验的基础上，适时开展省级示范家园创建活动。2012年以来，四川以项目运作、公开招标的方式，在全省范围内确定了21个县（市、区）开展示范点项目，每年划拨专项经费，加强指导和督导。各市（州）、县（市、区）也相应开展市、县级儿童之家示范点创建工作。截至2016年年底，全省共建成省级儿童之家示范点21个、市级儿童之家示范点1034个、县级儿童之家示范点3204个。

此外，四川省还积极推进国务院妇儿工委办与联合国儿基会开展的地震灾后、社区儿童保护与服务、减灾备灾等项目试点。在全国率先开展“儿童优先视角的减灾备灾”项目试点工作，在绵阳市安州区、雅安市芦山县、德阳市什邡市三个县所在的4个儿童之家（安州区沸水镇儿童友好家园、安州区千佛镇儿童友好家园、芦山县横溪村儿童友好家园、什邡市红白镇儿童友好家园）用三年时间（2016—2018年）打造全国儿童之家师范点建设，进一步推进社区儿童保护体系建设。截至目前，安州区出台了《安州区儿童保护“2＋5”工作机制》，建立了“儿童优先视角的减灾备灾”跨部门工作机制。芦山县开展了跨部门协作防灾减灾及知识宣传活动，有力改善了当地儿童生存、保护与发展的环境。什邡市成立了由24个成员单位组成的项目工作领导小组，制定了红白镇困境儿童和受暴力伤害儿童发现、报告、处置工作机制，完成了18岁以下儿童的摸底建档工作，为儿童保护体系建设积累了经验。

四川省还不断创新手段，动员社会力量服务儿童之家。积极创新思路，因地制宜、多途径地建设儿童之家：①坚持职能部门主办与整合社会资源联办相结合。采取政府部门建设、单位结对援建、社会资源捐建等多种形式推进儿童之家的发展。广元市、宜宾市等地推行市级妇儿工委成员单位结对帮扶制度，帮助联挂县（区）打造儿童之家；攀枝花市、绵阳市等地整合成员单位资源，共建共享儿童之家；达州市、雅安市等地争取公益基金会、爱心企业（人士）捐资兴建儿童之家。②坚持依靠专业团队与动员社会力量相结合。充分发挥好省内儿童专家、相关高校和儿童友好家园骨干队伍的力量，依托成都理工大学成立的省级资源项目中心，组建了由社会工作、社会学、法律、卫生、教育、民政等领域40余名专家构成的咨询智库，常态化开展省内家园建设技术培训和指导。同时，广泛组织高校学生、热心人士加入志愿者服务队伍，发动社区干部、离退休教师参与管理和运行儿童之家，成立儿童委员会和家长委员会，参与儿童之家管理和服务。③坚持儿童之家线上、线下服务活动相结合。推动儿童之家服务上网呈现，使儿童保护与服务实现线上、线下全覆盖。通过家长微课堂、家长学校等来不断丰富网上活动内容，使在外务工的家长通过网上儿童之家接受家教知识教育，拓展儿童之家的服务范围和能力，扩大了儿童之家的影响力。

为了更好地贯彻落实国务院关于农村留守儿童关爱保护工作和困境儿童保障工作的实施意见，建立运行社区儿童保护与服务体系，在国务院妇儿工委办支持下，四川省依托成都市成华区等4个儿童之家开展“社区儿童保护和服务体系”项目，重点关注留守和困境儿童群体，建档立制，开展针对性服务，并以此为契机，扩大项目效应，推动全省加快建立以社区为基础的儿童保护与服务体系：①通过培训、交流、推广，建立健全活动服务体系和监测评估体系，不断提高儿童之家的基础服务和工作专业化标准；②充分发挥儿童之家的辐射和带动作用，传播儿童保护理念，保障儿童“四大权利”，促进儿童全面发展；③以社区为依托，建立由卫生、教育、民政、公安、司法、团委、妇联、机关工委等相关部门以及儿童之家管理人员和儿童家长代表参与的多方合作服务体系；④建立以社区为基础的监测预防、强制报告、应急处置、评估帮扶、监护干预的儿童保护工作机制，定期召开儿童保护工作协调会，研究儿童保护工作的情况，分析儿童保护中存在的问题，解决侵犯儿童权益的个案。

总体来看，四川儿童友好家园从最初的紧急救援状态，逐步发展成为以社区为基础的儿童之家，由最初为儿童提供安全空间、提供教育娱乐服务、帮助回归正常生活为主要功能的应急模式，成功转型为集传播儿童保护理念、促进儿童综合发展、关爱服务特殊儿童为一体的社区儿童保护常态模式，成为根植于社区、融合于社区、为社区所有儿童提供保护和服务的有效载体，为提升四川省儿童工作的水平和质量发挥了重要作用。

2008年5·12汶川特大地震后，国务院妇儿工委办迅速行动，在为灾区妇女儿童筹集救灾款物的同时，第一时间与联合国儿基会联系，在四川建立并运行了40所儿童友好家园；2010年4·14玉树地震发生后，青海玉树借鉴四川儿童友好家园的运作经验，在地震灾区建立了4所家园，为在高寒、高原、少数民族地区开展儿童保护救助工作探索并积累了经验；2013年4·20芦山地震后，四川又建立了5所家园。同时，国务院妇儿工委办和联合国儿基会在2010年前后相继在北京、河北、江苏、江西、安徽、浙江、福建等省（市）的项目地区建立了28所儿童友好家园。安徽省政府从2010年开始，每年投入30万元，在10个示范区（县）建立儿童友好家园。山东省从2011年开始，每年投入630万元建设妇女儿童家园。江苏省从2009年开始推广儿童友好家园的理念和工作模式，在全省建立了1000所妇女儿童之家，并于2012年将提高妇女儿童之家的建设水平纳入江苏省政府工作报告，省财政支持经费1000万元，将这1000所妇女儿童之家建设成省级示范点。湖北、甘肃等省也建设了面向儿童的服务机构。

下篇　政策推进：

儿童优先视角的减灾备灾与社区儿童保护体系建设

第八章

儿童优先视角的减灾备灾：试点探索推进儿童之家建设

第一节 学以致用：灾害社会学研究对灾区儿童保护的启示

西方灾害社会学关于社会脆弱性的研究经验告诉人们，在灾害发生前和灾害发生后，总会有一些弱势群体比其他人更容易受到灾害的伤害，儿童无疑是众多弱势群体中最具代表性的特殊群体。由于儿童群体自身的特征、特点，儿童会更容易受到灾害影响，所以家庭、社区、政府、社会及其他力量在灾区儿童保护方面需要各司其职，共同为保护儿童发挥自己的职能。换言之，这也是必须要建立儿童保护体系的最根本原因。

非结构式减灾强调政府要更多地通过社会、财政、保险、监督与预警系统和灾害防救教育等非工程技术手段对灾害进行综合治理。[①] 与传统的结构式减灾相比，非结构式减灾理念显然更符合儿童保护的精神。在非结构式减灾的特殊工具当中，灾害保险、灾害认知教育和社区减灾等重要工具与儿童保护体系的需求十分贴合。

非正式制度理念也为灾区儿童保护提供了独特的视角。国内的非正式制度受传统思想的影响巨大。儿童是未来社会发展的储备力量，再加上受我国

---

① 周利敏．灾害集体行动的类型及柔性治理［J］．思想战线，2011，37（5）：92-97.

自古浓厚的家庭观念的影响，他们一直被视为整个中华民族的希望。因此，可以结合我国的具体国情，将儿童保护作为灾后重建的一项非正式制度，突出儿童保护的重要地位，同时巩固儿童保护体系的理论根基。

“三位一体”（永续社区、离灾和生态保育）的防灾减灾救灾模式在儿童保护体系建设中可以实现与专家智库建设的高度契合。儿童保护体系中关于专家智库的建立，是为了实现儿童保护体系的可持续发展，而要想实现体系的可持续发展，必然要求作为体系基础的社区同步甚至提前实现可持续发展。这一目标与西方灾害社会学中关于永续社区、离灾、生态保育等国际减灾新趋势不谋而合，所以我们可以考虑将“三位一体”的新灾害治理模式同儿童保护体系建设的理念相结合，在两方的交叉领域实现更加深入的理论研究。

西方国家在很早以前就对社会工作专业力量介入灾害救助和灾后重建给予了高度关注。皮科克（Peacock）等人指出，社会工作者在灾后重建中从事的工作主要包括儿童保护、妇女服务、长者服务、残疾人服务、家庭服务和心理服务等[①]，主要目的是对受灾个人及家属进行支持，协助个人与资源连接，增加多元性资源的接近性，防止更严重的身心健康问题，预防个人、家庭、团体、组织和社会的瓦解，改变微观与宏观系统以促进受灾居民的福祉[②]。实际上，一些西方国家和地区注重对灾害社会工作的管理和研究，也进一步证明了社会工作在灾害预防、灾害救助和灾后重建中发挥了重要的作用。而在国内，对于社会工作特别是灾害社会工作的关注，更多地发生在汶川特大地震之后。可以说，汶川特大地震对中国灾害社会工作的发展具有极其特殊的意义，因为这是中国社工界历史上首次介入灾害服务过程，没有任何经验可借鉴，初步形成和积累了灾害社会工作介入机制和模式（其实，认真研究后不难发现，国内有关灾害社会学及其相关领域理论的发展，也是在这之后才真正引起了国内学界的一致重视）。[③]

2008 年 5 月 12 日汶川特大地震发生后，中华人民共和国民政部很快于

---

① Peacock，W C，et al. Hurricane Andrew：ethnicity，gender and the sociology of disasters [M]. New York：Routledge，1997.

② Zakour，M. J. Disaster research in social work [J]. Journal of Social Service Research，1996，22 (1-2)：7-25.

③ 周利敏. 西方灾害社会学新论 [M]. 北京：社会科学文献出版社，2015.

2008年5月17日正式下发了《民政部关于进一步做好抗震救灾工作的紧急通知》（简称为《通知》），《通知》明确要求组织专业社会工作人才，发挥社会工作者的专业和技能优势，认真做好受灾群众尤其是孤儿的心灵抚慰和心理康复工作，既从国家政策的高度肯定了社会工作在灾害救助中的重要作用，也表明了党和国家对受灾人员中儿童受灾者的特别关切。在汶川特大地震发生后的第一时间，国务院妇儿工委办与联合国儿基会合作，通过在地震灾区建立儿童友好家园，组建国内的社会工作者专家团队赴儿童友好家园提供专业技术服务的方式，将专业社会工作力量投入帮助灾区儿童及家长尽快实现灾区恢复重建的工作当中。儿童友好家园不但为灾区儿童及家长提供了有利平台，也为我国之后探索灾区儿童保护相关工作打下了坚实的基础。在该项目的相关工作圆满完成后，为继续满足儿童成长需求，实现项目平稳过渡，从中央到地方，各级政府又相继出台多项举措，确保实现儿童友好家园的本土化发展，助推儿童友好家园向儿童之家成功转型。儿童友好家园向儿童之家的平稳过渡，离不开社会工作在中间发挥的重要作用，可以说，专业社会工作的介入助推了灾区儿童保护探索的务实趋向。

首先是扎根社区，为受灾地区的儿童提供优质的社会工作专业服务。儿童友好家园的建立与运行，不但为灾区儿童提供了安全的活动空间，也通过一系列的游戏活动、互动帮助儿童更快地从灾害影响中恢复到正常的社会生活去，而专业的社会工作的介入更是帮助儿童培养和提高其灾害自我保护意识，提升儿童个人防灾和抗灾能力，也在一定程度上有助于强化受灾地区的灾害韧性。儿童友好家园在转型为儿童之家后，在保留最初的功能设置之外，还不断增强了新的功能配置，如增设了个案、小组、社区等专业社工服务的功能，同时，不断应用社会工作专业理念和方法，挖掘和调动社区儿童群体及家长等群体的潜能。

其次是资源整合与资源共享。灾害社会学是一门对跨学科、跨领域有着普遍要求的社会学科，在这个平台上，儿童工作所需要的综合性、跨学科、跨领域、多部门的资源可以相互补充，无论是最初的儿童友好家园还是如今的儿童之家，在这当中负责的就是资源中心的协调、连接和综合。除此之外，儿童之家作为跨学科、跨领域的资源整合中心，也能为专家智库的建立提供助力。当然，儿童之家还可以充当政府与民间的合作交流媒介。儿童之家能够在各个基层部门之间起到连接作用，协调政府和社会的关系，从而可以实现从中央到地方、从地方到中央，即西方灾害社会学中“自上而下、自下而上相结合”的“公私协力”这一国际减灾新趋势的实际应用。

第二节 抛砖引玉：试点推进儿童优先视角的减灾备灾项目

一、儿童优先的减灾备灾项目在四川落地

正如本书前文所提到的，2008 年汶川特大地震后，国务院妇儿工委办与联合国儿基会合作，在四川省建立了 40 所儿童友好家园，为灾区儿童提供安全场所和帮助服务。2010 年，四川省人民政府办公厅转发了《关于儿童友好家园可持续发展的实施意见》，明确家园的管理主体、服务功能，为家园场地、资金、人员等提供有力保障，此后，儿童友好家园由最初为儿童提供安全空间、提供游戏娱乐服务、帮助回归正常生活为主要功能的应急模式，转型为根植于社区，集传播儿童保护理念、促进儿童综合发展、关爱服务特殊儿童等工作为一体的社区儿童服务平台。

为了进一步扩展“推进全国儿童之家建设，丰富我国儿童保护”的内容，促进社区儿童保护体系建设，2016 年，国务院妇儿工委办和联合国儿基会再次签订项目合作计划，决定于 2016—2018 年在四川省开展“儿童优先视角的减灾备灾项目”，并选取四川省安县、芦山县和什邡市作为项目试点，项目试点所在的安县沸水镇儿童之家和千佛镇儿童之家、芦山县横溪村儿童之家、什邡市红白镇儿童之家成为试点儿童之家。2016 年 3 月，“儿童优先视角的减灾备灾项目”正式落地四川，1 个省级儿童工作资源中心、3 个项目县（市）、4 个儿童之家开始了项目试点探索运行之路。

四川省“儿童优先视角的减灾备灾项目”的目标是要在四川省 3 个项目县（市）建立县（市）级跨部门儿童优先视角的减灾备灾项目工作机制，加强项目县（市）儿童优先视角的减灾备灾能力，研究制定并落实县（市）级儿童优先视角的减灾备灾方案。同时，在 3 个项目县（市）运行 4 个儿童之家（儿童友好家园），通过儿童之家的活动提高儿童、家长和社区的减灾备

灾意识与能力，减少灾害给儿童及其家庭带来的影响，降低社区的社会经济损失，开发社区儿童优先视角的减灾备灾应急方案。此外，还要依托成都理工大学建立并运行四川省级儿童工作资源中心，为项目的顺利推进和《四川省儿童发展纲要（2011—2020年）》的实施提供技术支持和专业指导，为全国其他省级儿童工作资源中心的建设摸索和积累经验，在项目结束后，实现四川省儿童工作资源中心的可持续发展。

二、项目执行的规定性计划安排及项目试点地的探索创新

“儿童优先视角的减灾备灾项目”是典型的国际合作项目，而按照国际项目执行惯例与标准，国务院妇儿工委办和联合国儿基会在合作计划洽谈时就对将会执行的四川省“儿童优先视角的减灾备灾项目”设计了框架性要求和主要的“规定性”动作，其中包括4个试点儿童之家的项目运行的有关活动计划安排、3个项目县（市）的项目运行的有关内容计划安排，以及1个省级儿童工作资源中心的项目运行计划安排。

与2008年儿童友好家园项目运行不同的是，国务院妇儿工委办与联合国儿基会在最初规划设计四川省“儿童优先视角的减灾备灾项目”时，选择了有侧重地推进项目执行。就专业角度而言，四川省“儿童优先视角的减灾备灾项目”在执行相关的规定工作中，有两个最为突出的特色：一是加大对项目试点县（市）级妇儿工委办在推进社区儿童保护体系建设中的撬动作用；二是创新探索建立并运行省级儿童工作资源中心。

加大对项目试点县（市）级妇儿工委办在推进社区儿童保护体系建设中的撬动作用，换言之，就是主要以项目县为着力点，探索推进社区儿童保护体系建设取得实质性进展。例如，根据国务院妇儿工委办和联合国儿基会的项目工作计划，在四川省“儿童优先视角的减灾备灾项目”执行中，各项目县（市）要重点发力，发挥县（市）级妇儿工委办在社区儿童保护体系建设中的承上启下的作用，以县（市）级项目的运行撬动、发挥本级工作在社区儿童保护体系建设中的联动枢纽作用。根据四川省“儿童优先视角的减灾备灾项目工作计划”，对于试点县（市）级妇儿工委办的项目工作内容有两条明确规定：一是探索建立县（市）级儿童优先视角的减灾备灾跨部门工作机制，开发县级儿童优先视角的减灾备灾方案，并开展县（市）级儿童优先视角的干预活动。为促进正确执行此项规定内容，计划中明确规定，由县（市）级妇儿工委办牵头实施完成三大活动：①成立县（市）级儿童优先视

角的减灾备灾项目协调小组，建立县（市）级儿童优先视角的减灾备灾跨部门工作机制，并且每年至少召开2次的小组会议保证机制的正常运行。同时要配合省级儿童工作资源中心的专家，开发县级减灾备灾方案中有关儿童保护的条款，并指导、监督、落实方案，指导项目开展。②项目县妇儿工委办利用报纸、杂志、广播、电视、网络等媒体，或制作宣传海报、展板等，向社会开展关于儿童优先视角的减灾备灾理念及知识的宣传活动。③项目县妇儿工委办在学校、社区等儿童较多的地点开展儿童优先视角的减灾备灾环境创建、知识技能传授、灾害应急演练等干预活动。

二是选取社区建立和运行社区儿童保护体系，运行儿童之家。执行方案有明确的规定：①在芦山县、什邡市各选取一个社区，安全选择两个社区作为试点社区，运行社区儿童保护体系，并运行儿童之家。②成立社区儿童保护委员会，并明确专人负责社区儿童保护工作，定期召开社区儿童保护委员会工作会议。③开展社区儿童的摸底登记，建立儿童档案，建立困境儿童和受暴力儿童的发现、报告、处置的工作机制。正是依据这项内容规定，4个项目试点儿童之家被选出，并对试点儿童之家的活动安排做了比较明确的规定：①每个儿童之家至少配备1名专职工作人员，灵活安排专、兼职工作人员，鼓励大学生、社区人员、“五老”人员等志愿者为家园服务，家园每周开放时间不少于40小时，保障儿童之家的日常运行。②儿童之家每月至少组织开展1次主题活动。主要内容包括儿童优先视角的减灾备灾知识宣传、灾害逃生演练、儿童权利和儿童保护知识宣传、亲子游戏、体育活动、家庭教育和卫生保健知识宣传、心理咨询等，提升社区家长的儿童权利意识，提升社区儿童和家长的减灾备灾意识及能力。③配合省级儿童工作资源中心的专家，开发社区儿童优先视角的减灾备灾应急方案。

此外，为了保证“规定”动作切实被执行，国务院妇儿工委办和联合国儿基会在四川省“儿童优先视角的减灾备灾项目工作计划”中，明确要求省、市、县（市）妇儿工委办定期对试点地区工作开展督导。该计划也相对明确地规定了督导的内容与相关要求：①省、市妇儿工委办定期（每半年）对项目县和试点儿童之家开展一次督导活动，每次督导时间不少于一天。通过听取汇报、查看资料、现场考察、与相关人员座谈、信息反馈等方式，了解和掌握项目县和试点家园项目工作情况，提出建议，改进工作，协助解决实际困难和问题。②县（市）妇儿工委办每两个月对所辖试点儿童之家督导一次，每次督导时间不少于半天。通过听取汇报、查看资料、现场观察、与相关人员（儿童保护委员会、家园工作人员，以及儿童、家长及其他社区人员）座谈、信息反馈等方式，了解和掌握试点儿童之家和社区儿童保护体系的运行情况，并提出建议，改进工作，协调当地党委、政府对项目在经费、场地、人员等方面提供支持，协助解决实际困难和问题，推动项目的可持续发展。

“儿童优先视角的减灾备灾项目”在执行中有两点最突出的特色：一是加大了对项目试点县级妇儿工委办在推进社区儿童保护体系建设中的撬动作用；二是创新探索建立并运行省级儿童工作资源中心。“四川省儿童优先视角的减灾备灾项目工作计划”，明确提出了要“建立并运行四川省儿童工作资源中心”，并对该资源中心的工作内容提出了较为具体的要求：①委托成都理工大学，建立并运行四川省儿童工作资源中心。②聘请项目协调员负责项目日常事务的协调与管理。③成立专家团队，定期召开省级儿童工作资源中心专家会议。④面向项目执行人员及全省所有地级市（州）和重点县妇儿工委办的工作人员开展儿童优先视角的减灾备灾、儿童保护、儿童之家建设等相关的省级培训会议。⑤提供智力支持和专业技术指导。开发县级儿童优先视角的减灾备灾方案、社区儿童优先视角的减灾备灾应急方案和《儿童减灾备灾安全手册》。⑥对项目地区进行需求调研。⑦加强对项目执行人员的能力建设，开展社区、儿童之家及项目工作人员的交流研讨活动。⑧远程和现场技术支持与专业指导。⑨专业督导工作。

在此要做个重要的说明，四川省“儿童优先视角的减灾备灾项目”在全国来说是一个全新的事务，“新”体现在两个方面：一方面，对于减灾备灾的核心理念和基础研究支撑，需要不断地探索、摸索；另一方面，省级儿童工作资源中心是一个全新的机构，资源中心的理念、定位、功能、工作原则、工作内容和工作成效评估等也需要在探索中不断总结。

第三节　最新理念：建立并运行省级儿童工作资源中心

一、资源对于儿童保护具有唯一性的重要作用

“资源”往往被认为是一个经济学概念，通常是指一国或一定地区内拥

有的物力、财力、人力等各种物质要素的总称。马克思在《资本论》中说："劳动和土地，是财富两个原始的形成要素。"恩格斯的定义是："其实，劳动和自然界在一起它才是一切财富的源泉，自然界为劳动提供材料，劳动把材料转变为财富。"[①] 根据马克思与恩格斯对资源的定义可知，资源具有广阔的范畴，既包括了客观存在的资源，也有包括社会资源。也就是说，资源的来源包括自然资源，也包括人类劳动的社会、经济、技术等因素，还包括人力、人才、智力（信息、知识）资源等。因此，学界和实务界有个通识，自然资源、社会经济资源、技术资源通常被称为人类社会的三大类资源。

资源是人类赖以生存、生产和生活的基础，对于人类社会来说，资源对人类发挥作用的形式多种多样。虽然自然界的资源是客观存在的，是支撑人类生存最基本的要素供给，但我们都知道，自然界与人类沟通的方式不总是温和的，有时甚至残酷无情，如地震、海啸、飓风等。而社会资源融入了太多的人类因素。因此，我们有必要指出，资源能够对人类产生作用，需要借助一定的规则、机制和制度安排，社会资源更是如此。

对于儿童群体而言，群体自身的特征决定了在凶猛的灾害面前，儿童是一个最需要得到保护的群体。而要保护儿童，最根本的是要保证资源充分与有效地发挥作用。国际、国内灾区儿童保护的实践也验证了资源在儿童保护中的唯一性作用。

2008年的5·12汶川特大地震发生后，全国军区总参谋部立即做出指示，命令有关部队迅速展开抗震救灾工作，四川省军区、成都军区及全国其他部分军区也迅速奔赴前线，公安系统、医疗救援队、志愿者团队以及救援物资前往灾区参与"黄金72小时"救灾工作。这一紧急状态下的资源调集过程，也向世人展示了我国自上而下的、高效的资源调动能力，当然，这也是过硬的救灾制度设计产生的良好结果。

如果说灾害救助是主要考究公共管理部门的职能水平的重要标准，那么灾区儿童救助就是一个全民必须接受的必修课。保护儿童是一项重大的全民工程，是全社会都必须参与的系统工程。全国多年来的儿童保护工作也体现了建立儿童保护资源系统的必要性。我国从1986年颁布第一部针对儿童的

---

① 马克思，恩格斯. 马克思恩格斯选集（第四卷）［M］. 2版. 北京：人民出版社，1995.

专有法律——《中华人民共和国义务教育法》以来，在法律政策的完善和实践的推进方面取得了长足的进展。例如，先后颁布并实施了多项保护权利的专门法和部门法，同时出台了多项条例、法规、政策及实施意见，专门针对贫困、困境儿童保护的政策文件等。我国还针对社会转型过程中出现的新问题不断调整政策，如给城市化进程中的农民工子女提供相关保护和支持等。

当然，除了上述提到的在制度建设和国家法律政策建设上下功夫外，全国上下在儿童保护工作的实务领域也不断进行探索。随着专业社会工作在我国的兴起和迅速发展，很多专业性的社会工作机构开展了多种多样、具有特色的儿童服务，成为我国儿童保护体系的一大支撑，也为探索灾区儿童保护工作的开展打下了厚重而坚实的基础。

但从我国儿童保护工作推进的进程来看，儿童保护资源系统建设与运行还有待加强。首先，意识建设需要进一步加强。加强意识建设，就是在家庭、社区、社会等各个层面普及儿童保护，要在全民范围对重视儿童保护达成共识。做到这点其实很不容易，需要上下联动、科学普及。当然，其中既需要制度性的推进，也需要社会力量的参与，还需要家长、儿童等不同群体的积极参与。其次，要充分调动各个层次与领域的力量，共同参与到儿童保护当中，真正发挥资源系统的作用。之所以要如此，是因为保护儿童事关个人、家庭、社会、全民族甚至全人类的发展。而在我国目前的实务操作领域，儿童保护资源更多地依赖政府部门通过正式的制度性要求去完成，甚至是强制性推进。这种行政性的特点导致政府负担过重，也使市场无法有效发挥在儿童保护方面应有的作用，甚至部分导致了儿童保护服务出现了市场失灵、社会缺能、家庭缺位、个人失职等不健康现象。

二、省级儿童工作资源中心的功能定位

儿童是国家和民族发展的未来和希望。在党的十九大报告中，习近平总书记突出强调要坚持男女平等基本国策，保障妇女儿童合法权益。2016 年以来，国务院妇儿工委办与联合国儿基会合作，探索在四川、广西、重庆、湖南和陕西五省（自治区）建立省级儿童工作资源中心，目的是要通过项目探索组建专家队伍，凝聚专业力量，开展儿童工作信息收集、理论研究和实践，使儿童工作资源中心真正成为儿童工作的人才资源中心、信息资源中心、培训资源中心、研究资源中心和决策资源中心。当然，这一资源中心的

建设目前尚处于摸索阶段，很多工作的开展将会是一个“摸着石头过河”的过程。

虽然儿童工作资源中心理念的提出和应用只有很短的时间，但实际上，根据我国儿童保护工作推进的进程，再加上汶川特大地震后儿童保护走上新台阶，就目前取得的成果来看，建设和推进省级儿童工作资源中心已成必然趋势，因为儿童友好家园的社区儿童保护体系建设工作已经给省级儿童工作资源中心的建立夯实了基础。现在在基层社区，儿童之家的服务与各级政府的职能部门、高校、科研院所和社会组织的工作关联极大。儿童之家的工作不是靠一个或者几个工作人员就能够完善的，它是一个社区公共平台、一个资源共享平台，它在社区中起到资源整合的作用。在中国的政府职能设置中，很多政府部门都会涉及儿童工作。社区儿童之家作为基层的儿童工作资源平台，能够为跨部门的协调和合作提供一个重要的媒介。儿童之家可以在各个部门最基层的触角之间起到连接作用，首先是寻求各方面的资源去帮助家庭、帮助孩子开展儿童工作，其次是寻求家庭和政府的连接，起着协调的作用。省级儿童工作资源中心的建立，就是在儿童之家工作开展的丰富实践基础之上，为今后更加专业和全面地开展儿童工作而采取的又一重要举措。换句话说，儿童之家的真正运行已经给儿童工作资源中心的建立与运行提供了良好的条件，也为探索深化内涵建设提供了很好的发力点和思考点。

省级儿童工作资源中心究竟应该是一个什么样的中心？它的定位到底应该是怎么样的？这是整个妇儿工委办系统，也是所有儿童工作者都在思考的问题。如果说目前对资源中心“五位一体”（人才资源中心、信息资源中心、培训资源中心、研究资源中心和决策资源中心）的功能定位说是两年来实践探索的阶段性总结，或者国务院妇儿工委办对于省级儿童工作资源中心建设方向的指引，那么关于省级儿童工作资源中心的功能定位一定是一个动态的事务，是一个可以内涵提升的事务。

省级儿童工作资源中心是一个集全省儿童保护所需的资金、物资、心理咨询、服务机构和专家智库等资源的系统中心。中心挖掘省内外的各项资源，进行整合，并极大程度地运用，统筹全省儿童资源的布局，为全省儿童保护工作提供强有力的支撑。省级儿童工作资源中心的建设将从下层激发儿童保护工作的活力，与上层的法律政策相呼应，真正贯通成一个行之有效的儿童保护体系。

省级儿童工作资源中心是一个协调、连接、综合与儿童工作相关的领域和资源的平台，在这个平台上，儿童工作所需要的综合性、跨学科、跨领域、多部门的资源可以相互补充。省级儿童工作资源中心的协调、连接和综合工作，能够为未来的儿童工作探索新型的工作方式和机制。因此，省级儿童工作资源中心在起到资源中心基础功能的基础上，将全面连接省内各级资源中心，并对现有资源进行有针对性的整合和利用，在更大的平台上充分发挥其最大效用。

省级儿童工作资源中心集聚了跨学科、跨部门的儿童工作的专业工作者，其天生的角色是“研究者”。该中心能够对儿童工作相关领域的新理念和新方法开展研究，能够为相关的政府部门和研究机构实施和开展儿童工作政策和理念研究，包括开展两纲两规实施中的相关研究工作。

省级儿童工作资源中心也是一个“学习者”。中心的专业工作者来自不同的专业和部门，中心自身的内部相互交流和学习是资源中心本身运作的一个重要基础。中心通过这种跨界的学习和滋养，实现儿童工作资源的综合与交叉，中心在支持和指导社区儿童之家的同时也承担着“学习者”的角色。儿童之家是我国社区儿童服务的创新做法，各地儿童之家在创建与服务过程中所积累的探索性和创新性的经验和做法值得学习，将其归纳整理，以供全省（市）和全国范围内从事儿童工作的机构和个人参考。

省级儿童工作资源中心在研究和学习归纳整理的基础上扮演着“分享者”的角色。把研究和学习到的经验和知识分享给基层的儿童之家，分享到其他省市的儿童工作资源中心，也通过国务院妇儿工委办的平台分享到全国去，还可以通过联合国儿基会的平台传递给国际儿童工作领域，作为中国儿童工作对世界范围内儿童权利保护的贡献。

省级儿童工作资源中心的运作是与各省市妇儿工委办紧密结合，相互推动的，因此，儿童工作资源中心还具有“协调者”的角色。资源中心可以在不同的部门和不同的专业领域之间发挥着协调的功能，尤其是在支持和指导儿童之家的工作中，资源中心可以依托自身的资源和妇儿工委办的网络，为儿童之家的创建和服务提供必要的、跨部门和跨领域的政策、专业和物质资源的协调，例如，资源中心能够为儿童之家的建设整合筹集相关的硬件和软件资源，包括早期发展所需玩具和图书、固定和非固定的大学生以及专业志愿者资源，又如协助儿童之家在基层乡镇和街道、社区和村寨建设和运行儿童保护的协调联动机制。

省级儿童工作资源中心还是一个“创新者”。资源中心是儿童工作领域智库运作的一个先锋型探索。在智库运行方面积累的经验和做法都可以供更多儿童工作智库参考。而在社区建设儿童保护机制的尝试，同样是一个国内急需的、在儿童保护工作方面的创新型尝试，这方面的经验同样具有先遣性的价值。从创新者的角色出发，资源中心的工作会有很多的未知和挑战，这些挑战又都是创新的最重要的养分。因此，资源中心的运作方式和成效都应该得到记录和整理，以促进创新的推广和影响。

省级儿童工作资源中心最基本的角色是“支持者”。资源中心的运作核心是为各省市项目试点地区的儿童之家提供技术支持，包括培训和督导。这样的技术支持以指导和帮助为主。考虑到儿童之家是一个在社区建立的新型的基层儿童服务平台，所有基层运作儿童之家的工作人员、家长、志愿者包括儿童和青少年都需要得到来自资源中心的支持和指导，这也是笔者前面提到的“支导”的概念。资源中心的支持和辅导功能为专业学科建设和基层儿童服务之间搭起了一座桥梁。

总体来说，省级儿童工作资源中心是一个儿童工作领域的“推动影响者”。儿童工作在整个社会发展领域的意义日益得到重视，通过项目运作建立的儿童工作资源中心能够把跨领域、跨学科的儿童工作研究的新理念和新知识转化为推动儿童工作健康发展的动力，影响未来在基层的儿童服务的提供以及高层的政策和立法研究，创造一个更加适合儿童的环境。资源中心能够积极地参与到国家两纲两规实施监测工作中，发挥专业智库的能量。同时，对于儿童工作各个领域的研究，以及对于基层儿童之家的服务，包括社区儿童保护机制建设的探索和学习研究，都能够转化为对未来中国儿童发展事业，包括发展、保护和参与等领域的推动和影响力量之一。

三、省级儿童工作资源中心的基本原则

1. 省级儿童工作资源中心坚持儿童优先的视角

我国在1990年就成为联合国《儿童权利公约》的签约国，并且在国内也已经形成了以《宪法》为核心，以《中华人民共和国未成年人保护法》等基本法律为框架，以《中华人民共和国义务教育法》《中华人民共和国收养法》等基本民事、刑事、行政法律法规或地方性法规为基础的儿童权利保护

的法律体系，在这些法律法规中我们都可以看到儿童优先原则被当作指导性原则贯穿始终。除了国内外的法律法规，还有其他涉及儿童工作的机构或组织，其章程中所反映出的基本精神也都是将儿童优先的原则放在首位，这也凸显了该原则在与儿童相关的工作或政策中的重要地位。

坚持儿童优先的原因主要有以下几点：①儿童特殊的社会地位。儿童的发展情况决定着一个国家的未来和社会的发展，儿童在最开始的阶段也是他们最为脆弱的阶段，因此，坚持儿童优先，就是将影响国家未来和社会发展的有生力量放在优先保护的重要地位。②儿童在心智和体力上的弱势。儿童处在其人生初期的生长发育阶段，无论在生理上还是在心理上，他们都尚未发育健全。与成年人相比，他们必然处于劣势地位，并且不太可能靠自身能力完全克服，所以他们更容易受到来自各方面的压迫感和恐惧感。因此，坚持儿童优先，就是将儿童因生理和心理发育不健全而带来的危险性降低。③儿童弱势的现实困境。儿童权利保护工作发展至今，在国内外已经引起了相当的重视并制定颁布了诸多相关法律法规，但儿童权利的实现仍然存在着应然与实然的差距，再加上儿童自身的弱势，无法依靠这些立法有效地维护自身权利，进一步导致了儿童的弱势地位和现实困境。因此，坚持儿童优先，就是将儿童权利的维护放在首位，帮助他们克服自身弱势地位，摆脱现实难以维护自身权利的困境。

2. 坚持发展的工作视角

过去的儿童工作很多都是按照既有的专业和部门职能来设置和开展的，并且不会有太多跨学科的专业分享和技术探索。现在有了儿童工作资源中心，其最重要的目标就是把与儿童的成长、发展、保护和参与相关的不同学科、不同专业和不同职能部门联系起来，并对各类资源加以整合和利用，以期实现儿童工作的新突破。

在儿童工作资源中心设立之初，儿童友好家园从最初的紧急救援状态，逐步发展成为以社区为基础的儿童之家，由最初为儿童提供安全空间、提供游戏娱乐服务、帮助回归正常生活为主要功能的应急模式，成功转型为集传播儿童保护理念、促进儿童综合发展、关爱服务特殊儿童为一体的社区儿童保护常态模式，成为根植于社区、融合于社区、为社区所有儿童提供保护和服务的有效载体，为提升我国儿童工作的水平和质量发挥了重要作用。这正是在开展儿童工作的实践过程所总结的成功经验。对于儿童工作资源中心今后工作的开展，也应当坚持发展的理念，在原有的基础上不断更新和发展相对陈旧的工作理念，保证儿童工作资源中心的新鲜动力和儿童工作的先进性。

省级儿童工作资源中心的建立也是促进儿童工作发展的重要举措，它是一个协调、连接、综合与儿童工作相关的领域和资源的平台，集全省儿童保护所需的资金、物资、心理咨询、服务机构和专家智库等资源于一体的系统中心。在这个平台上，它能合理地运用原有资源中心的有效资源，并让儿童工作所需要的综合性、跨学科、跨领域、多部门的资源相互补充，为未来的儿童工作探索新型的工作方式和机制，同时挖掘更多的社会资源并进行整合，极大程度地加以利用，为全省儿童保护工作的开展和儿童保护体系的建立提供强有力的支撑。因此，我们在儿童资源中心的建设中应始终坚持发展的工作理念，在有效促进各项工作在顺利开展的同时，也能保持清醒的头脑，认清发展趋势，帮助儿童资源中心保持在正确的发展方向上。

四、省级儿童工作资源中心工作的主要内容

儿童工作资源中心的所有工作都是从推动实现儿童权利角度来切入的。20 世纪 90 年代之前，国际上普遍将需求作为儿童工作的切入点。需求与权利二者的概念是不同的，需求相对而言具有慈善性质，条件允许可以满足，条件不够则可以先放一放。而权利不同，自从 1989 年联合国《儿童权利公约》通过后，世界上 194 个国家和地区（包括中国）通过法律、政策和具体的社会服务以及家庭照顾，开始推动以儿童权利为本的儿童工作。我国的《中华人民共和国未成年人保护法》《中国儿童发展纲要（2011—2020 年）》等法律法规和国家儿童政策要求我们以推动实现儿童的生存、发展、保护和参与等儿童权利为工作的出发点。从这个角度看，以儿童权利为本的儿童工作具有国家意志。

以儿童权利为本的儿童工作，首先是要通过一系列的儿童服务和照顾来实现儿童权利，包括教育、医疗卫生、社会福利和社会保障等由政府和社会组织提供的儿童社会服务。这意味着儿童工作资源中心是以儿童权利的理念为出发点来设置的。儿童工作资源中心通过对现有的针对儿童的社会服务和照顾进行梳理和联系，推动创建一个跨学科、多部门、多行动方协调行动的儿童工作大环境。

以儿童权利为本的儿童工作，需要关注儿童保护。我们希望童年是快乐的、幸福的，但事实是，儿童（尤其是困境儿童）受到不同类型暴力侵害的事件在生活中依然可见。国际上，儿童保护是儿童工作中最显性、最急迫的一个议题。因此，我们既要保护儿童免于受到暴力的伤害，也要对那些因为贫困、残疾、监护人缺失或监护能力不足而陷于困境的儿童和家庭给予关注、关怀和保护。从这个角度出发，笔者建议儿童工作资源中心将来要在儿童保护上加强力度，推动以社区为本的儿童保护体系的建立。

儿童参与是儿童权利为本的儿童工作中另一个核心关注的议题。儿童本身具有强烈的参与愿望和参与能力。国际上很多研究和实践也表明，孩子很小就具有主动参与身边各项事务的能动性和积极性。我们所有的儿童工作都应考虑让儿童的主动性和能动性得到发挥，为他们创造支持性的环境，推动儿童参与到与他们生活相关的事物中去。儿童参与是儿童权利的一个有机组成部分，儿童工作应该以儿童权利为出发点。因此，儿童工作资源中心的角色也包括在社会意识层面和儿童之家建设的项目层面呼吁和推动儿童参与理念得到认同和实践。综合性、跨学科和跨部门的协作和联系也非常重要。儿童的生活不能被割裂对待，我们也不应该人为地用各种学科和职能设置切断它。儿童工作要从儿童及其生活的角度出发，由多部门、跨专业、跨领域的组织机构和团队来设计、构建一套贴近儿童生活和现实需求的方法和体系，这正是省级儿童工作资源中心的创新意义所在。

第九章

政策推进：多措并举推进灾害社区儿童保护体系建设

第一节 顶层设计：以建设省级儿童工作资源中心为契机，推进社区儿童保护体系建设

省级儿童工作资源中心是协调、连接、综合与儿童工作相关的领域和资源的平台。在这个平台上，儿童工作所需要的综合性、跨学科、跨领域、多部门的资源可以相互补充。省级儿童工作资源中心的协调、连接和综合工作，能够为未来的儿童工作探索新型的工作方式和机制。因此，省级儿童工作资源中心在起到资源中心基础功能的基础上，将全面连接省内各级资源中心，并对现有资源进行有针对性的整合和利用，在更大的平台上充分发挥其最大效用。

在围绕儿童之家建设服务基础上运行的省级儿童工作资源中心，是一个儿童工作领域的创新实践。在实践过程中，省级儿童工作资源中心能够扮演研究者、学习者、分享者、协调者、创新者、支持者、推动影响者等重要角色，但省级儿童工作资源中心建立起来容易，要真正运行起来还存在很多困难。资金、场地、设备和工作人员的可持续性是后续需要注意的重点，并且各省实际情况各异，是建设统一标准化的资源中心，还是根据各地实际情况建立各具特色的资源中心，也是需要思考的。

首先，建设省级儿童资源中心离不开政府的支持。政府的介入将成为这

一工作的保护伞和清障者。既然涉及全省资源的建设和整合，就必然与省政府直接挂钩，所以资源中心的建设也必须依靠省政府。此外，省政府还必须出台正式的相关政策文件，为资源中心的建设和日常运行提供保障，政府的资金也是资源中心落地生根和可持续运行的基础。其次，资源中心的建设还需要政府其他部门和社会力量的支持，资源中心其本质就是聚集整合全省的资源，以得到更好的利用。因此，需要政府其他部门和社会力量的全力支持，积极挖掘自身所有资源，并汇集到资源中心。再次，资源中心是一个实体，需要有专门的场地、基本设备和工作人员来运行。资源中心的建设更需要专家智库的支持。从资源中心的设计开始就可以咨询相关专家，保证资源中心建设的科学化和系统化。最后，儿童保护工作是一项专业性较强的工作，需要有相关专业背景的专家提供技术指导和督导评估。

诚如前文所言，省级儿童工作资源中心在儿童保护体系中会发挥非常重要的作用，但它的建设绝非易事。究其背后的原因，我们不难发现，儿童工作资源中心是一个全新的机构，需要摸索建设。此外，省级儿童工作资源中心的运行需要多方力量的参与，既需要发挥政府职能部门的行政性主导作用，也需要市场和民间社会力量的参与，还需要发挥儿童自身的主动性作用和家长的积极参与。当然，儿童工作资源中心的运行也离不开社区这一平台。农村社区的儿童保护体系建设的基础较城市社区相对条件更为薄弱，建设周期与建成效果体现时间都会比城市社区的长。

为加快推进社区儿童保护体系建设，很长时间以来我国政府已经做出了巨大的努力。仅从全国上下各级妇儿工委办的工作举措我们不难看出，他们为推进社区儿童保护体系建设可谓多措并举、全角度发力。

社区儿童保护体系建设，2008 年 5·12 汶川特大地震是一次重要的界点。地震发生后，从“紧急事件中特别突出儿童保护”的理念出发，国务院妇儿工委办与联合国儿基会合作，借鉴国际上紧急救灾中儿童保护的经验，在四川省广元市、雅安市、德阳市、绵阳市、成都市、阿坝藏族自治州、攀枝花市和凉山彝族自治州等 8 个重灾市（州）的 21 个县（区）建立并运行了 40 所儿童友好家园，为受地震灾害影响的儿童及其家庭提供游戏、娱乐、教育、卫生与社会心理支持等一体化服务，帮助灾区儿童消除地震造成的不利影响，回归正常生活。创建儿童友好家园是儿童保护工作的全新探索和创新实践。实践证明，儿童友好家园的理念和方法同样适用于常态下的社区儿童保护与服务工作。它为建立以社区为基础的儿童保护和服务体系奠定了基础、积累了经验。

儿童保护体系的建设需要依托社区，利用社区资源，为社区服务。社区是儿童生活的主要场所，儿童有一半的时间在学校，有一半的时间在社区和家庭。在以往的儿童保护中，我们更多的是通过行政部门和机构为儿童提供服务，对家庭和社区在儿童保护中的责任、作用、能力认识不足。随着社会经济和社会生活的发展，随着政府职能的转变、管理和服务的重点下移，大量的社会管理、服务职能归结到社区。因此，在社会管理创新中，我们需要将儿童保护与服务工作纳入社区的管理和服务的职能中，建立以社区为基础的儿童保护运行机制。

儿童保护体系建设需要政府主导、部门支持、社会参与。儿童保护体系的建立和运行离不开政府和相关部门的大力支持，需要建立多部门合作的工作机制，也需要社会各界的共同参与。四川省各级党委政府和妇儿工委办高度重视和支持儿童友好家园工作：在紧急救灾当中，省领导多次就灾区儿童保护做出批示，有关部门和地方政府对家园建设给予人员、场地等方面的支持；灾后重建中，《关于儿童友好家园可持续发展的实施意见》的出台，要求各级政府从场地、经费、人员方面将家园纳入灾区重建规划，纳入社区公共服务体系。基层政府在家园的建设中发挥了主导作用，为家园提供了房屋、人员和设备等保障条件，为家园的可持续发展创造了有利的条件。其他省份的妇女儿童之家建设，也得到了政府的高度重视，纳入了当地规划，纳入了政府的民生工程，得到了有关部门和社会各方力量的支持配合。

儿童保护体系建设的核心内容是要建立科学而且完整的儿童服务体系，这是一个为儿童提供游戏、体育、娱乐活动、教育、生活、营养和卫生保健知识、行为技能指导、社会心理支持和转介服务等一体化服务的平台。除配备必需的儿童活动和基本设施设备等硬件外，从规划设计到管理运行，都应从社区和儿童需求出发，建立和完善服务体系。要根据需要配备专兼职的、具备一定专业知识的儿童工作者。需要从社区和儿童需求出发进行规划和服务设计，需要从儿童权利的视角出发建立规范的管理体系和运行机制，需要持续加强工作人员的能力建设，需要有完善的监督和评估机制。

对于如何能够集中实现以上所提及的儿童保护体系的功能，国务院妇儿工委办在进行了多年的探索和推进的基础上，于 2016 年再次发力，与联合国儿基会共同合作，通过在四川、广西、湖南、重庆、陕西五个地方设立项目的方式，探索建立省级儿童工作资源中心，目标在于通过试点建设与运行省级儿童工作资源中心的方式，为儿童保护工作的开展搭建资源供给系统和资源运作平台，推进社区儿童保护体系建设。

第二节 实务取向：依托试点儿童之家，促儿童优先视角的减灾备灾运行机制

儿童工作是一个跨学科、跨领域的工作，这是因为现实的儿童工作基本上是按部门的领域来划分的。民政部门、教育部门、卫生部门、妇联等群团组织都有他们各自的角色。虽然发达国家的儿童福利体系发展比较完善，但它们的分工也不一定特别明确，因为儿童工作也是在不断发展变化的。经过多年的实践探索和研究反思，国际上儿童工作较有成效的国家和地区在儿童工作上倾向于更加具体和清晰的分工合作，跨部门和跨学科之间协调联动的责权也更加明晰，但他们同样也会遇到跨部门、跨学科、跨专业领域的协调和衔接的问题。当新问题出现时，其责权可能就不太清晰。通过应对新问题，新的协调功能和合作责权划分也就逐步厘清了。在机制建设上，很多国家都是在试错和处理问题过程中一点点地进步着。我国这种覆盖了儿童保护、儿童参与、儿童发展、儿童教育、儿童卫生和儿童福利等方面的综合性的工作资源中心，是一种创新型的探索性尝试。

四川省"儿童优先视角的减灾备灾项目"初衷就是通过不断加大儿童之家的建设力度，通过建立以社区为基础的灾区儿童保护工作运行机制，充分挖掘和合理利用社区资源，动员政府相关部门和社会团体、志愿者参与到灾区儿童保护中。具体来说，就是通过建立儿童优先视角的减灾备灾运行机制，为儿童及其家庭和社区提供服务，深入推进社区儿童保护与服务体系建设，不断提升社区和家庭的儿童保护、儿童早期发展、科学养育等意识和能力。在机制建设过程中，我们应充分把握两个重要内容：一是充分认识到实施减灾备灾项目的重要意义。努力通过项目实施，倡导全社会牢固树立儿童优先的意识，不断增强儿童工作者"儿童优先视角"的工作能力和水平，充

分发挥政府的主体责任和社会的参与责任，在基层建立起保护儿童的有效工作体系和合作机制。二是努力准确把握实施减灾备灾项目的目标要求。紧紧围绕国务院妇儿工委办关于建好“四个一”（一个儿童工作的资源中心、一个项目运行的领导机制、一个社区儿童之家、一个社区儿童保护和服务体系）的社区儿童保护服务体系建设指导思想，认真组织，上下联动，积极探索，创新工作，充分发挥项目的叠加效应。

自2016年3月“儿童优先视角的减灾备灾项目”在四川试点运行以来，四川各地开展了不同的探索性工作，“准入准出”专家智库建设机制、儿童保护“2+5”工作机制、儿童优先视角的减灾备灾跨部门工作机制，以及线上线下的宣传模式等，以儿童优先视角的减灾备灾项目为契机，多措并举地推进社区儿童保护体系建设。

第三节　借智借力：依托专家智库力量，在“整合”资源中显效力

儿童之家在中国是一个新的事物，过去的城镇和农村社区没有专门提供儿童服务的平台或机构。作为社区儿童保护的重要服务载体，儿童之家在开展工作时需要多方资源的融入。省级儿童工作资源中心的初衷是帮助社区儿童之家更好地运作，保障其质量，掌握好标准，进而推动社区儿童保护体系建设。同时，省级儿童工作资源中心的工作重点之一是要更深入地了解基层儿童工作的特点与需求。通过中心的资源汇聚与综合，提升从事儿童工作的专业人士和相关人员的儿童工作知识与能力。更重要的是要了解基层儿童工作的需求，为他们提供到点、到位的支持。对于基层儿童之家的建设和服务，资源中心要做到能够从基层实践中学习、提炼和整理源于基层并适用于基层现实的儿童服务的有效实践经验，并分享这些经验以影响到更多社区，也为顶层的政策和服务设计提供重要的参考依据。

“儿童社会工作者”这个概念也是最近几年才开始兴起的。从事儿童社会工作的社区儿童工作者需要儿童权利、教育、社会心理、儿童保护、社区工作、医疗卫生保健等综合性的知识和能力。从当今的社会发展趋势来看，

专业化和科学化成为各项工作的基本要求。越来越多的工作在开展前需要专家团队的讨论和调查，开展中需要专家的督导和调整，开展后需要专家的检验和评估，以保证工作的开始和过程尽可能科学化地完成目标。“儿童优先视角的减灾备灾项目”就贯彻了这一思想，利用专家团队进行项目开始前的基线调查，评估项目点儿童的需求，项目过程中为各项目点工作的开展提供技术指导，实地督导并给出建议，项目结束后会对项目点的工作进行评估，以检测项目的成效。四川省“儿童优先视角的减灾备灾项目”一个重要的创新实践就是通过项目协作，邀请到了不同的与儿童和童年相关领域的专家加入省级儿童工作资源中心这个平台，以做出更多跨学科的分享与贡献，通过各跨领域、跨专业、多学科的知识经验分享，儿童之家的志愿者以及工作人员得到多学科知识的滋养。

总结四川省“儿童优先视角的减灾备灾项目”的实践经验我们得出，对于儿童保护和社区儿童保护体系的建设与运行，专家力量的整合既是关键也是挑战。要想达到与国内外对专业化的要求一致，省级儿童工作资源中心就必须建设起专家智库，因为只有专家智库的存在，才能克服灾害发生后无法获取专业资源支持的困境。

省级儿童工作中心专家智库的建设与可持续发展，不是一蹴而就的，需要做足一些前期准备工作。首先，要发现一拨相关领域专家资源。学界和政界经常会将专家进行一个比较简单的划分：国家级专家团队和本土专家团队。在实践中，两个团队成员可以交叉组队，或者各司其职，将专家团队的专业力量应用在儿童保护工作中。其次，要建立专家智库的“准入准出”机制。当然，这个机制的建立来源于现实的需要。例如，在突发性事件爆发后，迅速调集专家团队会有困难，各个专家多各自独立地活跃于自己的专业领域，缺乏对特定地方的背景了解和特定事件的经验累积，做出科学决策存在困难，而对一个问题的解决不可能只依靠一个专业领域的专家们，往往需要的是多学科、多领域的交叉融合，各专家们根据自己的研究方向就一个问题进行思维碰撞，更利于问题的解决。这些都需要在平时做功课，只有经过较长周期的自发筛选，才会形成比较稳定的专业团队，专家智库建设才具有可持续发展的可能。

参考文献

REFERENCES

专著

[1] 张继权，李宁. 主要气象灾害风险评价与管理的数量化方法及其应用[M]. 北京：北京师范大学出版社，2007.

[2] 夏建中. 社区工作 [M]. 北京：中国人民大学出版社，2009.

[3] 民政部. 中国民政统计年鉴 2016 [M]. 北京：中国统计出版社.

[4] 中国现代国际关系研究所危机管理与对策研究中心. 国际危机管理概论[M]. 北京：时事出版社，2003.

[5] 辞海编辑委员会编纂. 辞海（1999 年版缩印本）[M]. 上海：上海辞书出版社，2001.

[6] 陈彦艳. 我国儿童权利保护制度研究 [M]. 北京：中国政法大学出版社，2016.

[7] 陆士祯，魏兆鹏，胡伟. 中国儿童政策概论 [M]. 北京：社会科学文献出版社，2005.

[8] 王雪梅. 儿童权利论 [M]. 北京：社会科学文献出版社，2005.

[9] 刘新立. 区域水灾风险评估的理论与实践 [M]. 北京：北京大学出版社，2005：53-55.

[10] 周利敏. 西方灾害社会学新论 [M]. 北京：社会科学文献出版社，2015.

[11] Seballos F. et al. Children and Disasters：Understanding Impact and Enabling Agency，49.

期刊

[1] 马凤程. 灾难和灾难社会学——对一门有待开拓的学科的构想 [J]. 贵州社会科学，1989（4）：13-17.

[2] 黄东日. 社区保护——未成年人成长的现实需要 [J]. 社会工作研究，

1995（3）：43-46.

[3] 李正东. 北方大旱的思考：灾害与减灾——一项社会学视角的考察 [J]. 调研世界，2002（3）：22-25.

[4] 韩庆祥，戚鲁. “能力建设”：一项迎接时代挑战的宏伟工程 [J]. 教学与研究，2002（3）：37-41.

[5] 李馨，战守义，史宁中. 一种有效的农业气象灾害的定量性定义方法 [J]. 计算机工程与应用，2003（11）：203-206，209.

[6] 韩庆祥，雷鸣. 能力建设：应当重视的一个新的时代性课题 [J]. 天津行政学院学报，2003（3）：10-17.

[7] 韩庆祥，雷鸣. 能力建设与当代中国发展 [J]. 中国社会科学，2005（1）：22-33，205.

[8] 雷鸣. 能力建设论 [D]. 北京：中共中央党校，2005.

[9] 郭志伟. 人的能力建设问题研究 [D]. 长春：东北师范大学，2005.

[10] 雷鸣. 论能力建设的一般规律 [J]. 新视野，2007（2）：76-79.

[11] 尚志海，刘希林. 试论环境灾害的基本概念与主要类型 [J]. 灾害学，2009，24（3）：11-15.

[12] 李永祥. 什么是灾害？——灾害的人类学研究核心概念辨析 [J]. 西南民族大学学报（人文社会科学版），2011，32（11）：12-20.

[13] 陶鹏，童星. 灾害概念的再认识——兼论灾害社会科学研究流派及整合趋势 [J]. 浙江大学学报（人文社会科学版），2012，42（2）：108-120.

[14] 苏凤杰. 开展社区儿童保护项目推动新儿纲相关目标的实现 [J]. 中国妇运，2012（12）：28-31.

[15] 张序，劳承玉. 公共服务能力建设：一个研究框架 [J]. 理论与改革，2013（2）：25-29.

[16] 潘谊. 儿童参与防灾减灾：实践与探索 [J]. 中国减灾，2013（10）：18-20.

[17] 冯有良. 海洋灾害影响我国近海海洋资源开发的测度与管理研究 [D]. 青岛：中国海洋大学，2013.

[18] 蒋月娥. 健全面向家庭的社区儿童保护网络 [J]. 妇女研究论丛，2013（4）：61-63.

[19] 张贵周．浅议儿童保护制度之完善［J］．法制博览（中旬刊），2013 (10)：234.

[20] 瑞典儿童保护与服务的实践及启示［J］．中国妇运，2014 (1)：20-24.

[21] 白雨冉．社区儿童综合保护网络构建研究［D］．昆明：云南大学，2014.

[22] 王之师．成都市以社区为平台的困境儿童救助保护机制研究［D］．成都：西南交通大学，2015.

[23] 雷杰，邓云．“社区为本”的儿童保护服务本土化模式创新——以佛山市里水镇“事实孤儿”保护项目为例［J］．青年探索，2016 (3)：41-49.

[24] 史培军．再论灾害研究的理论与实践［J］．自然灾害学报，1996，11 (4)：6-17.

[25] 钟开斌．突发事件概念的来源与演变——基于对《人民日报》、党的中央全会报告、国务院政府工作报告的分析［J］．上海行政学院学报，2012，13 (5)：26-35.

[26] 郑菲，孙诚，李建平．从气候变化的新视角理解灾害风险、暴露度、脆弱性和恢复力［J］．气候变化研究进展，2012，8 (2)：79-83.

[27] 陈国华，梁韬，张华文．城域承灾能力评估研究及其应用［J］．安全与环境学报，2008，8 (2)：156-162.

[28] 张婷婷．社会工作视角下的儿童权利保护［D］．南京：南京理工大学，2009.

[29] 王蓓蓓．国际儿童保护中的儿童最大利益原则研究［D］．合肥：安徽大学，2012.

[30] 王勇民．“儿童权利保护的国际法研究”［D］．上海：华东政法大学，2009.

[31] 布衣．灾害社会学［J］．中国社会工作，1998 (1)：51.

[32] 王安宁．儿童权利法律保护的基本原则［D］．济南：山东大学，2012.

[33] 马凤程．灾难和灾难社会学——对一门有待开拓的学科的构想［J］．贵州社会科学，1989 (4)：13-17.

[34] 楚艳辉．儿童生存权及其法律保护问题研究［D］．湘潭：湘潭大学，2016.

[35] 孙毅. 论儿童发展权法律保护的原则 [D]. 济南：山东大学，2007.

[36] 李新娟. 关于危险源致灾的几点看法 [J]. 煤炭科学技术，2007，35（8）：156-158.

[37] 郑长德. 四川汶川特大地震受灾地区人口统计特征研究 [J]. 西南民族大学学报（人文社科版），2008，29（9）：21-28.

[38] 于冬青. 灾后儿童的创伤后应激障碍研究 [J]. 东北师大学报（哲学社会科学版），2010（4）：142-146.

[39] 陈彩琦，李艳，田卫卫，等. 汶川地震灾区儿童行为问题的状况及影响因素研究 [J]. 华南师范大学学报（社会科学版），2009（4）：54-58.

[40] 刘斌志，沈黎. 汶川地震灾后儿童心理创伤的表现、评估及重建 [J]. 西华大学学报（哲学社会科学版），2009，28（2）：109-113.

[41] 张本，等. 唐山大地震所致孤儿心理创伤后应激障碍的调查 [J]. 中华精神科杂志，2000，33（2）：111-114.

[42] 于肖楠，张建新. 韧性（resilience）——在压力下复原和成长的心理机制 [J]. 心理科学进展，2005，13（5）：658-665.

[43] Nishi D，Matsuoka Y，Kim Y. Posttraumatic growth，posttraumatic stress disorder and resilience of motor vehicle accident survivors [J]. BioPsychoSoc Med，2010，4（1）：1-6.

[44] Tedeschi RG，Calhoun LG. Posttraumatic growth：conceptual foundations and empirical evidence [J]. Psychol Inquiry，2004，15（1）：1-18.

[45] Xu JP，Liao Q. Prevalence and predictors of posttraumatic growth among adult survivors one year following 2008 Sichuan earthquake [J]. J Affect Disord，2001，133（1-2）：274-280.